Diandong Qiche Shiyan Shixun Zhidaoshu
电动汽车实验实训指导书

叶燕帅 主 编
尹辉俊 黄雄健 张成涛 副主编

人民交通出版社股份有限公司
北京

内 容 提 要

本书是针对《电动汽车原理与维修》课程,结合实验或实训教学的特点开发的实验指导书。本书分为实验和实训两部分。实验教学部分中,实验一到实验三是电动汽车工作过程和工作原理的认知性实验;实验四到实验六关于电动汽车车身电气控制系统(BCM)、整车控制系统及数字式仪表盘设计,是电动汽车的开发设计性实验。实训教学部分主要是针对电动汽车的动力系统和车身电气控制系统的故障诊断和维修进行技能实训。

本书符合实验或实训教学过程,任务明确,操作步骤具体详细,适合作为高职、高专或大学汽车维修专业电动汽车课程配套的实验教材使用,也可以作为单独的实训课程使用。

图书在版编目(CIP)数据

电动汽车实验实训指导书/叶燕帅主编. —北京:
人民交通出版社股份有限公司,2020.9
ISBN 978-7-114-16692-1

Ⅰ.①电… Ⅱ.①叶… Ⅲ.①电动汽车—教学参考资料 Ⅳ.①U469.72

中国版本图书馆 CIP 数据核字(2020)第 115102 号

书　　名:	电动汽车实验实训指导书
著 作 者:	叶燕帅
责任编辑:	郭红蕊　郭晓旭
责任校对:	赵媛媛
责任印制:	刘高彤
出版发行:	人民交通出版社股份有限公司
地　　址:	(100011)北京市朝阳区安定门外外馆斜街 3 号
网　　址:	http://www.ccpcl.com.cn
销售电话:	(010)59757973
总 经 销:	人民交通出版社股份有限公司发行部
经　　销:	各地新华书店
印　　刷:	北京印匠彩色印刷有限公司
开　　本:	787×1092　1/16
印　　张:	9.5
字　　数:	220 千
版　　次:	2020 年 9 月　第 1 版
印　　次:	2020 年 9 月　第 1 次印刷
书　　号:	ISBN 978-7-114-16692-1
定　　价:	32.00 元

(有印刷、装订质量问题的图书由本公司负责调换)

前言 PREFACE

随着经济社会的发展，人们对能源的需求日益增长，同时汽车排放对环境的污染也得到了更多的重视。电动汽车作为清洁能源载运工具，获得了足够的重视，电动汽车产业飞速发展。市场的发展带来了对电动汽车设计、维修人才的需求，各高校纷纷开设电动汽车相关专业课程，培养电动汽车前市场、后市场人才。作为人才培养的重要手段，实践教学对电动汽车专业人才的培养非常重要。"通过观察、触感认知""在做中学"有助于学生获得更直观、更深刻的认知并培养学生的工程应用能力。

本书与《电动汽车原理与维修》配套使用，主要针对电动汽车电动机、动力蓄电池及其管理系统、制动能量回收系统、车身电气控制系统、整车控制系统、数字式仪表盘来进行实验项目和实验内容的设计。主要从3个维度进行编写：

（1）通过认知性实验进行测试和分析，加深学生对工作原理和工作过程的认知。

（2）通过开发设计性实验项目培养学生综合运用学科知识进行设计、开发及创新的能力。

（3）通过故障诊断与维修实训操作项目培养学生的工程操作技能。

指导书对实验或实训的操作过程做了详细的描述，并明确了评价指标。评价指标在考虑操作规范性、结果分析的同时，增加了创新奖励分。鼓励学生在实验项目设计、操作工序、结果分析方法、误差估计等角度进行思考，大胆尝试。

本书由广西科技大学叶燕帅担任主编，由尹辉俊（广西科技大学）、黄雄健（广西科技大学）、张成涛（广西科技大学）担任副主编；凌华梅（广西机电技师学院）负责统稿。书中共有六个实验项目和三个实训项目。实验一~实验六由叶燕帅完成。实训一由张成涛完成；实训二由黄雄健完成；实训三由凌华梅完成。本书编写过程中得到了广西科技大学机械与交通学院实验中心、广西机电技师学院和山东派蒙机电技术有限公司的支持，在此，对他们表示衷心的感谢。

由于编者水平有限，书中难免出现错误或不足，敬请广大读者提出宝贵意见，以便进一步修改和完善。

编　者
2020年3月

目 录 CONTENTS

第一篇 实 验

实验一　电动机控制实验 ………………………………………………………………… 3
实验二　电动汽车动力蓄电池及蓄电池管理系统实验 ………………………………… 9
实验三　纯电动汽车制动能量回收系统实验 …………………………………………… 30
实验四　车身电气控制系统（BCM）实验 ……………………………………………… 39
实验五　电动汽车整车控制系统实验 …………………………………………………… 64
实验六　电动汽车数字式仪表盘实验 …………………………………………………… 77

第二篇 实 训

实训一　电动汽车动力系统故障诊断实训 ……………………………………………… 101
实训二　空调系统故障诊断实训 ………………………………………………………… 121
实训三　整车电器系统故障诊断实训 …………………………………………………… 128

附 录

附录一　实验报告范表 …………………………………………………………………… 139
附录二　实验课程评分标准 ……………………………………………………………… 142
附录三　热敏电阻阻温特性表 …………………………………………………………… 143

参考文献 …………………………………………………………………………………… 146

第一篇 实 验

实验一　电动机控制实验

一、实验目的

掌握电动汽车电动机控制模式的控制原理,测试不同控制模式下电动机的输出特性。熟悉电动汽车电动机测试的实验方法。通过数据测量和分析,加深对电动机控制系统控制策略的理解。

二、实验原理

速度控制与转矩控制具有相互独立的控制功能。速度控制的目标物理量是电动机的输出转速,转矩控制的目标物理量是电动机的输出转矩。利用上位机与蓄电池管理单元进行通信,上位机可实时显示动力蓄电池的状态信息,对蓄电池进行实时控制指令发送。实验测试系统可以测量各个蓄电池组的电压、电流和温度信息,实现对蓄电池组的实时监视和控制。

三、实验性质和实验内容

(1)本实验属于验证性实验。
(2)实验内容:转速模式下电动机特性曲线绘制;转矩模式下电动机特性曲线绘制。

四、主要实验仪器设备型号和规格

PMBX-EV-MTR 型新能源电动机控制研发平台(图 1-1-1)是基于永磁同步电动机控制而研发的一款支持二次开发的教学实验箱。控制研发平台在被控永磁同步电动机轴上加装转矩传感器、加载电动机等外围附件,然后使用开源控制板实现电动机的驱动控制。在开源控制板的驱动下,永磁同步电动机运行参数被采集反馈到显示屏上,从而验证控制板的控制效果。基于控制研发平台,可以开展电动机原理、电动机控制、算法代码研究和 FOC(Field-Oriented Control,开源电动机矢量控制)算法验证等相关教学活动。

该研发平台主要模块功能介绍如下:
(1)操作显示终端。此模块为触摸式组态显

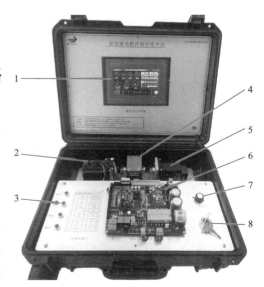

图 1-1-1　新能源电动机控制研发平台组成
1-操作显示终端;2-加载电动机;3-仿真机接口(拓展用);4-转矩传感器;5-永磁同步电动机;6-开源控制板;7-负载调节挡位开关;8-点火开关

示屏,设计有电动机运行参数显示仪表及相关虚拟控制开关,显示界面下方还设计有电动机功率、转矩及转速曲线表。

（2）加载电动机。此模块采用的是60系列直流无刷电动机,主要用于针对永磁同步电动机进行制动加载。

（3）仿真机接口。此处为4个5芯插接头,连接控制器及传感器相关信号,可以作为设备拓展连接仿真机使用。

（4）转矩传感器。此模块为一台微型转矩传感器,与加载电动机和永磁同步电动机同轴安装,可以测量系统转速、转矩信号,并反馈给研发平台系统。

（5）永磁同步电动机。此模块是一台微型永磁同步电动机,其额定功率为64W,作为研发平台被控电动机,可以在开源电动机控制器的驱动下运行。

（6）开源控制板。此模块为电动机控制板,其功能强大,可驱动高达数百瓦功率的电动机。开源控制板基于模型设计,支持 Simulink 编程,并开放有控制接口可以与日本 AND 公司的仿真机实现连接,进行控制仿真。

（7）负载调节挡位开关。负载调节挡位开关可调节加载电动机对系统的加载力度,共5个挡位。

五、实验项目与操作

1. 绘制转速模式下电动机特性曲线

1）实验目的

了解转速模式下驱动电动机功率、转矩和转速的关系;学习绘制电动机功率、转矩随转速变化的曲线。

2）教学设备

PMBX-EV-MTR 型新能源电动机控制研发平台。

3）教学资料

从控制角度上看,速度控制与转矩控制具有相互独立的控制功能。速度控制的目标物理量是电动机的输出转速,转矩控制的目标物理量是电动机的输出转矩。从控制原理上看,速度控制是以速度为实际值进行闭环控制,速度调节器处于闭环状态,通过其输出速度来引导电流调节器,由电流调节器控制电动机的输入电流,从而适时调节电动机的转矩,使电动机始终跟踪其设定转速。速度模式是指以控制电动机的转速为目的,此时必须为保持该速度而调整电动机的输出转矩。所以控制系统中外环为速度环,内环为电流环。速度环的输出为电流环的给定(转矩给定),该电流环也称为转矩环。

4）实验步骤

（1）连接实验箱电源线,并打开电源开关(图1-1-2)。

（2）打开电源后,实验箱上盖部分的操作显示终端点亮(图1-1-3)。

（3）打开点火开关,显示终端右下角故障灯由红色变为绿色(图1-1-4)。

（4）在操作显示终端右上角点击正转或反转按钮开关,将其置于正转;点击转速或转矩按钮开关,将其置于转速模式;将负载调节旋钮逆时针旋转至最左侧(即无加载),再点击启动或停止按钮开关,将其置于启动侧,可以看到被控永磁同步电动机转动起来。

（5）在目标转速处滑动滑块,调节控制电动机目标转速至600r/min位置,等电动机转速稳定后记录功率、转矩和转速数据;旋转负载调节旋钮至一挡,等电动机转速稳定后再次记录数据;用同样方法测量记录各挡负载下数据,最后将负载调节旋钮拧至最左侧。

（6）在目标转速处滑动滑块,调节控制电动机目标转速至1200r/min位置,等电动机转速稳定后记录功率、转矩和转速数据;旋转负载调节旋钮至一挡,等电动机转速稳定后再次记录数据;用同样方法测量记录各挡负载下数据,最后将负载调节旋钮拧至最左侧。

（7）按照步骤（5）、（6）的方法,依次测量并记录电动机在目标转速为1800r/min、2400r/min和3000r/min时的数据。

（8）实验完成后,将目标转速（转矩）滑块滑至最左侧,点击启动或停止按钮开关,停止电动机的驱动。关闭点火开关,关闭实验箱电源开关,收拾好实验箱。

（9）根据实验结果记录的数据,以转速为横轴,功率和转矩为纵轴,不同颜色的符号表示不同加载强度,绘制对应的曲线(由于电动机功率计转矩较小,需要在纵轴及单位上做一定处理)。

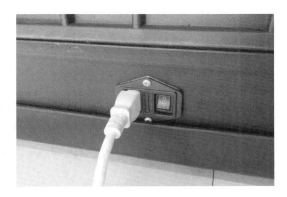

图1-1-2　试验箱电源开关

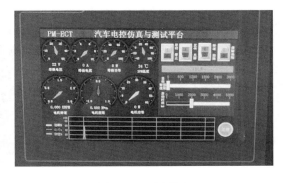

图1-1-3　通电状态　　　　　　　　　　　　图1-1-4　开启状态

5）数据记录

请根据以上实验操作,记录实验结果,完成表1-1-1。

转速模式下电动机功率曲线实验数据 表1-1-1

转速 （r/min）	加载挡位	转矩 （N·m）	功率 （W）	转速 （r/min）	加载挡位	转矩 （N·m）	功率 （W）
600	0			1800	3		
600	1			1800	4		
600	2			2400	0		
600	3			2400	1		
600	4			2400	2		
1200	0			2400	3		
1200	1			2400	4		
1200	2			3000	0		
1200	3			3000	1		
1200	4			3000	2		
1800	0			3000	3		
1800	1			3000	4		
1800	2						

6）实验总结

根据实验结果及记录数据，绘制电动机功率与转矩输出曲线，并根据曲线分析转速模式下的电动机特性。

2．绘制转矩模式下电动机特性曲线

1）实验目的

了解转矩模式下驱动电动机功率、转矩和转速的关系；学习绘制电动机功率、转矩随转速变化的曲线。

2）教学设备

PMBX-EV-MTR型新能源电动机控制研发平台。

3）教学资料

转矩模式是指变频器以控制电动机的输出转矩为目的，速度大小和外部负载大小有关。此时变频器一般无速度环，只有电流环，外部负载直接以电流环作为转矩目标。许多高档变频器都带有速度外环以防止超速，这是一种增强型转矩模式，此时速度环只起一个限制最大速度的作用，电流环依然起主导作用。

4）实验步骤

（1）连接实验箱电源线，并打开电源开关。

（2）打开电源后，实验箱上盖部分的操作显示终端点亮。

（3）打开点火开关，显示终端右下角故障灯由红色变为绿色。

（4）在操作显示终端右上角点击正转或反转按钮开关，将其置于正转；点击转速或转矩按钮开关，将其置于转矩模式；将负载调节旋钮逆时针旋转至最左侧（即无加载），再点击启动或停止按钮开关,将其置于启动侧,可以看到被控永磁同步电动机转动起来。

(5)在目标转矩处滑动滑块,调节控制电动机目标转矩至6553(数字为标记值并不是转矩值)位置,等电动机转速稳定后记录功率、转矩和转速数据;旋转负载调节旋钮至一挡,等电动机转速稳定后再次记录数据;用同样方法测量记录各挡负载下数据,最后将负载调节旋钮拧至最左侧。

(6)在目标转矩处滑动滑块,调节控制电动机目标转矩至13107位置,等电动机转速稳定后记录功率、转矩和转速数据;旋转负载调节旋钮至一挡,等电动机转速稳定后再次记录数据;用同样方法测量记录各挡负载下数据,最后将负载调节旋钮拧至最左侧。

(7)按照步骤(5)、(6)的方法,依次测量电动机在目标转矩为19660、26214和32767时的数据并记录。

(8)实验完成后,将目标转速(转矩)滑块滑至最左侧,点击启动或停止按钮开关,停止电动机的驱动。关闭点火开关,关闭实验箱电源开关,收拾好实验箱。

(9)最后根据实验结果记录的数据,以转速为横轴,功率和转矩为纵轴,不同颜色的符号表示不同加载强度,绘制对应的曲线(由于电动机功率计转矩较小,需要在纵轴及单位上做一定处理)。

5)数据记录

请根据以上实验操作,记录实验结果,完成表1-1-2。

转速模式下电动机功率曲线实验数据 表1-1-2

转矩标记	加载挡位	转速(r/min)	转矩(N·m)	功率(W)	转矩标记	加载挡位	转速(r/min)	转矩(N·m)	功率(W)
6553	0				19660	3			
6553	1				19660	4			
6553	2				26214	0			
6553	3				26214	1			
6553	4				26214	2			
13107	0				26214	3			
13107	1				26214	4			
13107	2				32767	0			
13107	3				32767	1			
13107	4				32767	2			
19660	0				32767	3			
19660	1				32767	4			
19660	2								

6)实验总结

根据实验结果及记录数据,绘制电动机功率与转矩曲线,并根据曲线分析转矩模式下的电动机特性。

六、编写实验报告

实验结束后,应对电动机的测试过程进行评价分析,并写出实验报告。实验报告内容主要包括:封面;实验名称;实验目的;实验时间地点;参加人员;实验方法;实验结果数据和图像;结论及分析等。

七、实验评价

完成实验后,由指导教师根据学生在实验操作和撰写实验报告的情况,按照实验项目评分标准(表1-1-3)给予评价。

实验项目评分标准　　　　　　　　　表1-1-3

考核项目	评分标准	分值
实验操作		60
安全操作	按照实验要求操作,没有损坏仪器设备或人员受伤	10
规范操作	遵守实验室规章,按照实验操作章程进行操作,没有违规操作	10
文明操作	文明实验,工具、仪器摆放整齐;实验结束后关闭设备,整理实验台	10
实验完成质量	测量数据准确;图形趋势正确	30
撰写实验报告		40
实验报告格式	实验报告格式规范、内容完整	10
工程的设计	流程准确,条理清楚,过程讲述清晰,结果验证准确	20
结果分析与心得	测量数据画图准确、趋势正确;能够用所学的专业知识对实验结果进行分析	10
总分		100
奖励项		
创新	对实验方案、分析方法有可行的创新	20

实验二 电动汽车动力蓄电池及蓄电池管理系统实验

一、实验目的

掌握电动汽车动力蓄电池工作过程和原理,进行充电和放电工况下动力蓄电池通信数据分析、熟悉电动汽车充放电过程测试的实验方法。通过数据测量和分析,加深对蓄电池管理系统的工作要求和控制策略的理解。

二、实验原理

利用上位机与蓄电池管理单元进行通信,上位机可实时显示动力蓄电池的状态信息,对蓄电池进行实时控制指令发送。实验测试系统可以测量各个蓄电池组的电压、电流和温度信息,实现对蓄电池组的实时监视和控制。

三、实验性质和实验内容

(1)本实验属于设计性实验。

(2)实验内容:充电工况下动力蓄电池数据解析;放电工况下动力蓄电池数据解析。

四、主要实验仪器设备型号和规格

PMRD-EV-BMS 型电动汽车动力蓄电池及蓄电池管理系统实验测试系统(以下简称实验测试系统)能够直观展示动力蓄电池内部组成结构,演示动力蓄电池的工作过程。实验测试系统能够利用上位机与蓄电池管理单元进行通信,在上位机上实时显示动力蓄电池的状态信息,对蓄电池进行实时控制指令的发送。实验测试系统(图1-2-1)可以很好地辅助用户学习动力蓄电池的工作原理,分析各工况下动力蓄电池的信息,用于电动汽车动力蓄电池的相关实验教学及实训。其电阻箱操作面板组成如图1-2-2 所示。

1. 实验系统基本操作

(1)连接电源,将带有漏电保护的插头插到插座上,按下漏电保护插头上的蓝色塑料按键,打开点火开关,此时电源指示灯点亮(图1-2-3)。

(2)按下显示器下方的开机按键,打开台式计算机(图1-2-4),打开上位机软件。

(3)根据需要测试的充电或放电工况,选择使用电阻箱或充电线进行操作。

(4)在放电工况下测试时,旋转电阻箱开关,上位机显示数据变化,可根据需要进行负载调节,调节范围为 1~120A。

电阻箱(图1-2-5)操作步骤说明:

①使用前先根据接线柱上的提示,接入相同等级的电压(实验测试系统已经固定连接

好)。注意:加载测试前需要先将风扇打开,然后再进行功率的加载。

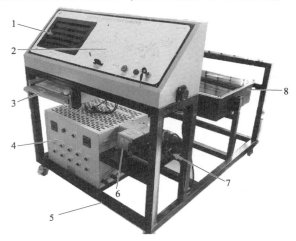

图 1-2-1　电动汽车动力蓄电池及蓄电池管理系统实验测试系统
1-触控工业平板(内装上位机);2-电路面板;3-键盘鼠标;4-电阻箱;5-实验台架;6-分线盒;7-车载充电动机;8-动力蓄电池包

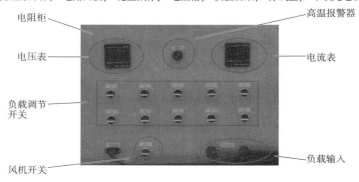

图 1-2-2　电阻箱操作面板组成

图 1-2-3　电源开关

图 1-2-4　一体式计算机

②假如需要测试 2A，只需打开面板上任意一个"2A"旋钮即可；如果需要测试 37A，则将"2A""5A"与"30A"（或其他任意组合）3 个旋钮打开即可；如果需要测试 120A，只需将面板所有功率开关打开即可，以此类推。

③面板上设有高温报警器，默认出厂设置为 90℃，如果超过此温度，负载箱会发出声光报警，此时应及时切断电源，并检查原因。

④第一次使用负载箱会有少许烟雾，此为负载箱内部电阻丝油脂挥发所致，属正常现象，请勿担心，多次使用后则无此现象。

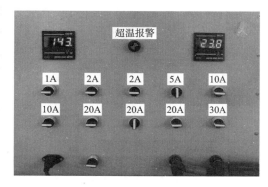

图 1-2-5　电阻箱操作面板显示图

⑤使用结束后，先断开负载旋钮开关，10min 后将风机电源关闭，以确保负载箱的散热。

（5）在充电工况下测试时，不需要操作电阻箱。先使用充电连接线给实验测试系统进行充电，然后直接在上位机查看通信分析数据即可。

2. 上位机使用操作

1）程序运行

解压完成后将出现"ECCalibration.exe"的程序图标，如图 1-2-6 所示。

单击该图标后弹出软件提示"本软件在生产过程中使用存在一定的危险性，请小心使用"；点击 OK，开始运行程序，如图 1-2-7 所示。

图 1-2-6　程序图标

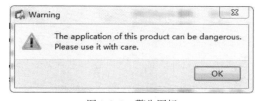

图 1-2-7　警告图标

2）打开软件

打开软件后会出现如图 1-2-8 所示界面。

图 1-2-8　软件界面

3）打开配置文档

打开配置文档会出现如图 1-2-9 所示界面。

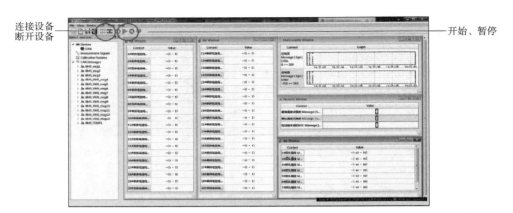

图 1-2-9　配置文档界面

4）打开设备

打开设备，点击连接设备，再点击开始按钮，上位机显示数据（图 1-2-10）。随机转动数个电阻箱旋钮，观察数据变化。

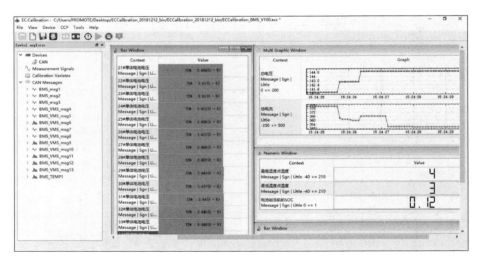

图 1-2-10　测试界面

5）程序介绍及程序功能

（1）菜单栏说明：

①文件栏（图 1-2-11）。

②视图栏（图 1-2-12）。

③设备栏（图 1-2-13）。

④CCP 栏（图 1-2-14）。

⑤工具栏（图 1-2-15）。

⑥帮助栏（图 1-2-16）。

打开…	打开一个新的工程文件
关闭	关闭当前工程文件
新建…	新建一个工程文件
存储	存储当前工程文件
另存为…	另存当前工程文件
导入 MAP 文件	打开 MAP 文件导入功能
打印预览…	预览打印当前报表的效果
打印…	打印当前报表
生成 PDF…	将报表生成为 PDF 文件
退出	退出标定软件
近期工程	选择近期打开过的工程

图 1-2-11　文件栏

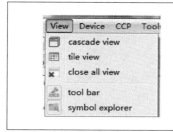

视图联系化	将当前所有视图联系化排列
视图表格化	将当前所有视图表格化排列
关闭所有视图	关闭当前所有生成的视图
工具栏	打开或显示工具栏
变量浏览器	打开或显示变量浏览器

图 1-2-12　视图栏

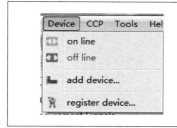

连接	连接所有设备
断开	断开所有设备
添加设备…	添加设备到工程
注册设备…	设备注册

图 1-2-13　设备栏

测试连接	测试连接设备的连接情况
启动测量	启动连接设备的标定与测量
停止测量	停止连接设备的测量
从站信息	从站信息显示
配置	配置连接信息
DAQ 配置	配置连接的 DAQ 采集信息帮助

图 1-2-14　CCP 栏

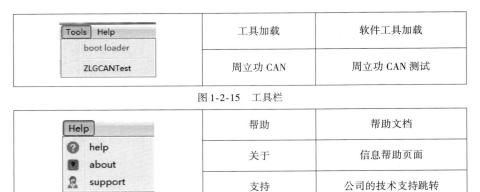

Tools Help / boot loader / ZLGCANTest	工具加载	软件工具加载
	周立功 CAN	周立功 CAN 测试

图 1-2-15　工具栏

Help / help / about / support	帮助	帮助文档
	关于	信息帮助页面
	支持	公司的技术支持跳转

图 1-2-16　帮助栏

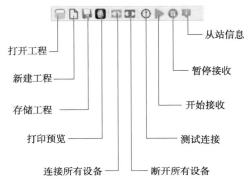

图 1-2-17　工具栏说明

（2）工具栏说明。工具栏各图标说明如图 1-2-17 所示。

（3）加载工程文件。点击工具栏中的打开工程/新建工程按钮，或选择文件菜单中的打开或新建，选择已保存的工程或需新建工程的空白文件（图 1-2-18），需为 ecc 工程文件（xml 文件）。

新建的空白文件选择完后，首先会弹出"是否同意覆盖文件"的提示框，若确实为需覆盖的空白文件，则点击"确定"。

然后在 CCP 环境中选择并配置 CAN（图 1-2-19）。

图 1-2-18　打开文件

选择 CAN 之后点击"确定"。此处不用配置,因此继续点击"确定"(图 1-2-20)。
若为已保存的标定工程文件,则在选择完成后,软件将自动生成工程界面(图 1-2-21)。

图 1-2-19　选择 CCP 设备

图 1-2-20　CCP 配置

图 1-2-21　工程界面

也可在菜单文件项中选择"近期工期"(图 1-2-22),并选择 1 个工程打开。软件同样将自动生成工程界面。

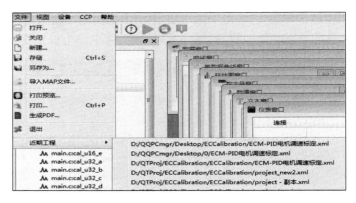

图1-2-22 近期工程

（4）工程页面说明。工程界面分为五块功能区，分别是：菜单栏、工具栏、变量浏览器、视图窗口区及软件信息显示区。

变量浏览器（图1-2-23）位于软件左侧，包括工程目录与变量属性两部分。其中工程目录包含设备目录、观测量目录和标定量目录，点击目录中的某一项，会在下方文本框与浮空文本中显示该项的属性。

右击某一项，将会弹出该项的操作菜单（图1-2-24）。点击设备操作菜单中的生成设备窗口选项，可打开设备设置窗口（图1-2-25）。

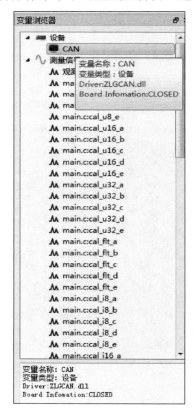

图1-2-23 变量浏览器

图1-2-24 变量操作菜单

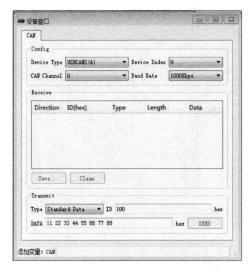

图1-2-25 设备窗口

视图窗口区位于软件的右侧(灰色空白区),用于显示生成的数据视图。

软件信息显示区位于软件的右下角,用于显示软件的操作结果及报错信息(图1-2-26)。

(5)工程编辑。若为新建工程或工程有数据添加的需要,则在数据标定前需先创建并设置好所需的变量。若添加观测量,则右击测量信号(Measurement Signals);若添加标定量,则右击标定变量(Calibration Variates)。点击添加后,会出现添加变量页面(图1-2-27)。

填写对应的数据量后(其中红色为必须填写的项目),完成新 Message 变量的创建(图1-2-28)。

图1-2-26 报错信息

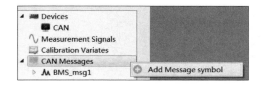

图1-2-27 添加变量页面

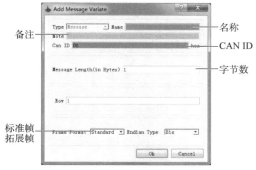

图1-2-28 Message 变量的创建

创建 Message 成功之后,右击 Message 添加 Signal 变量(图1-2-29)。

填写 Signal 变量页面的相关信息(图1-2-30)。

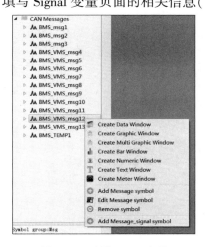

图1-2-29 添加 Signal 变量　　　　图1-2-30 填写 Signal 变量相关信息

(6)设备连接。点击 ▫ 连接到设备,软件信息显示 `CCP connect salver successful` ,工程目录设备图表改变为 `设备 CAN` 时,表示设备已连接成功。

此时可点击 ⊙ 测试连接,软件再次显示 `CCP connect salver successful` 信息时,表示连接测试成功。

此时点击 ▶ 便可以开始数据的测量,软件显示 `启动测量成功` 信息,表示已开始数据的测量与上传。

此时可点击 ![icon]，查看从站的数据信息。

（7）视图窗口说明。观测视图窗口共有9种，可单独观测某一变量，也可通过拖动变量至视图窗口，在同一视图中观测多个变量，如图1-2-31所示。（注意：Message若添加到窗口并无实际意义，数值也无意义，且不能添加到Digital窗口）。

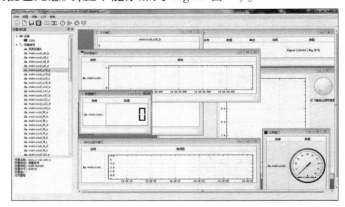

图1-2-31　观测视图窗口

①视图排序。若感觉窗口过多显得杂乱，可点击菜单中的视图，选择视图联系化或表格化，将所有视图在视图窗口区内排序，如图1-2-32所示。

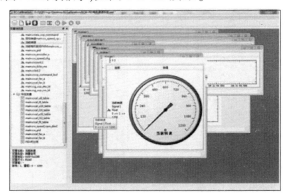

a）表格化排序

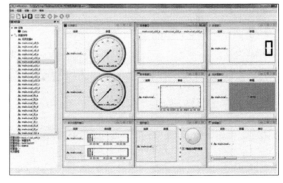

b）关联化排序

图1-2-32　视图窗口排序

②数据窗口。数据窗口显示变量名称、数值、单位、说明与类型(图1-2-33)。

图1-2-33 数据窗口

当列表内容显示不完整时,可拖动表头调整列宽,也可将鼠标放置到内容上,软件即在浮空文本上显示出完整的内容。

任意窗口内右击窗体内容,可显示视图菜单(图1-2-34)。

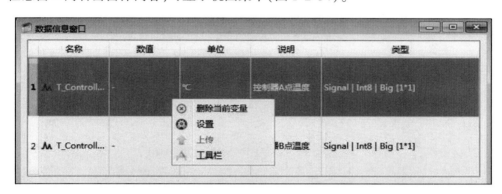

图1-2-34 视图菜单

点击视图菜单中的上传,即进行数据的采集并上传;点击工具栏,可显示或隐藏视图工具栏;点击删除变量,可将选中的变量从视图中删除;点击设置,则弹出数据采集的设置窗口。

改变采用周期,并将信号(采集)类型改变为轮询,点击确定,即开始固定周期的数据采样,如图1-2-35所示。

③曲线窗口。曲线窗口的视图菜单比数据窗口的视图菜单多出窗口显示部分(显示或隐藏变量、控制面板或图例)和曲线绘制部分(清空当前曲线或所有曲线的数据)。右侧控制面板上的旋钮可对曲线Y轴进行缩放,选中自动调节则自动进行Y轴的缩放(图1-2-36)。

④单数据曲线窗口。曲线窗口视图把所有曲线绘制到同一个图表上,单数据曲线窗口视图则会将每一条曲线单独绘制到每一个图表上(图1-2-37)。

图1-2-35 采集周期设置

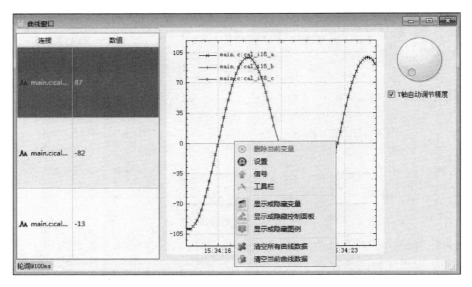

图 1-2-36 曲线窗口

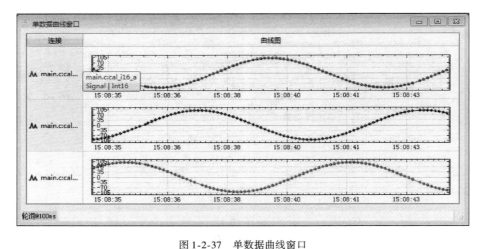

图 1-2-37 单数据曲线窗口

⑤柱状图窗口。柱状图窗口视图将变量数据的量程范围转换为百分比进度条,并实时显示当前数据在进度条中的百分比(图1-2-38)。

⑥数字量窗口。选择生成数字量窗口视图时,会先弹出选择变量元素字节窗口(图1-2-39)。

选择一个需要观测的字节位数,并点击确定,即打开数字量窗口视图(图1-2-40),数字量窗口视图的右键菜单,也包含曲线绘制部分,可选择对当前或所有绘制的曲线进行清空操作(只有 Signal 具有此项功能,且在分辨率为1,偏移量为0时,才有实际作用)。视图窗口左下会显示窗口的数据采集方式和间隔时间。

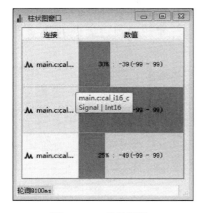

图 1-2-38 柱状图窗口

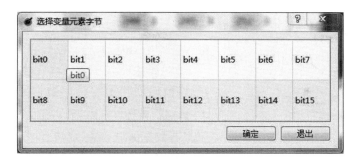

图 1-2-39 选择变量元素字节窗口

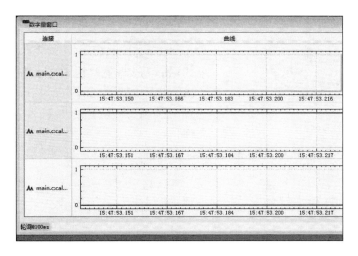

图 1-2-40 数字量窗口

⑦数值窗口。数值窗口视图以数码管数字的方式实时显示变量的数值(图 1-2-41)。

⑧文本窗口。文本窗口视图以列表的方式(以变量名为行,数据采集时间为列),显示数据数值的变化(图 1-2-42)。

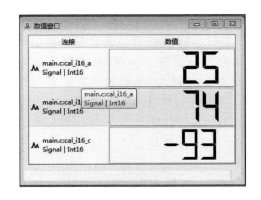

图 1-2-41 数值窗口　　　　　　　　　　图 1-2-42 文本窗口

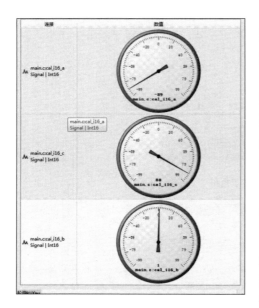

图 1-2-43 仪表窗口

⑨仪表窗口。仪表窗口视图以表盘的方式实时显示变量的数据(表盘的数据范围为变量数据的量程范围)(图1-2-43)。

(8)结束测量工作。当完成数据测量和标定工作后,或遇到问题需结束数据的采集和下载时,点击 ,便可中断数据的传输。数据中断后,若所有控制器数据采集及标定工作均已完成,则点击 结束所有设备的通信。

点击 ,保存修改好的变量、设备、窗口信息等工程数据。

点击 ,可预览生成报告的打印效果。有需求的话,可选择菜单栏中的文件项,点击文件—打印,或使用快捷键 Ctrl + P,打印预览中的报告;或选择文件项,点击生成 PDF,将该报告保存为 PDF 文件。

完成所有操作后,点击关闭按钮,确认退出软件,并选择是否保存工程文件。选择结束后,软件关闭,所有操作完成。

五、实验项目与操作

1. 充电工况下动力蓄电池数据解析

1)蓄电池均衡理论基础

(1)蓄电池为什么需要均衡? 蓄电池本身还有可用容量,却因蓄电池之间不均衡以及为保护蓄电池设置的安全电压的限制导致蓄电池系统无法继续发挥应有的性能。另外,蓄电池在车上的使用寿命比车辆本身的寿命短,即使车辆还没有到达报废年限,却要为满足动力性能而更换蓄电池。但是,更换蓄电池的成本又相当高,因此这在很大程度上制约了电动汽车的发展。

造成蓄电池不均衡的最主要原因是温度。一般情况下,锂离子蓄电池的使用环境温度高于其最佳使用温度10℃时,锂离子蓄电池的寿命会降低一半。由于车载蓄电池系统的串联数量非常多(一般在 88 ~ 100 个之间),其容量一般在 20 ~ 60kWh,每串蓄电池会因装载的位置不同而产生温度差。即使在同一个蓄电池箱内,也会因位置和蓄电池受热不均产生温度差,而这个温度差会对蓄电池寿命产生重大负面影响,使蓄电池出现不均衡,造成续航里程下降、循环寿命缩短。正是由于这些问题,导致整个蓄电池系统的容量无法完全使用,造成蓄电池系统损失,而减缓这样的系统损失将会大大延长蓄电池系统的使用寿命。

如图 1-2-44 所示,蓄电池系统初期容量为 100%,在使用的过程中蓄电池会因为各种原因(主要是温度)逐渐衰减,这是锂离子蓄电池的特性。这部分的衰减无法通过均衡挽回。而造成系统容量下降的最主要的原因是蓄电池容量不均衡导致的系统损失。

系统损失并不是所有蓄电池容量减少,而是指蓄电池系统因为不均衡而造成有容量也无法使用。

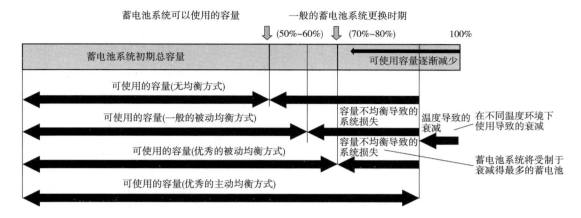

图1-2-44　蓄电池系统损失与均衡效果

一般情况下,蓄电池容量下降至70%～80%的时候会更换蓄电池以保持续航里程,蓄电池容量保持在70%以上的时间越长,电动汽车的成本也就越低。在无均衡和一般的被动均衡技术下,蓄电池系统的容量不到3年(每天一次满充满放)就会下降至70%以下。做得较好的被动均衡可以将蓄电池容量勉强维持在70%。与此形成鲜明对比的是,做得较好的主动均衡可以将系统损失降到最低。这样的主动均衡可以有效地降低因容量不均衡导致的系统损失,进而延长蓄电池系统的使用寿命,延缓蓄电池系统的更换时期,同时增加续航里程。

(2)被动均衡与主动均衡。在蓄电池系统中担任重要角色的蓄电池管理系统(BMS)作为延长蓄电池寿命的有效手段,逐渐受到重视,其中,起到关键作用的BMS均衡系统也引起了广泛关注。目前市场上均衡多串联的蓄电池系统有传统的被动均衡和主动均衡两种方式。

①被动均衡。被动均衡一般通过电阻放电的方式,对电压较高的蓄电池进行放电,以热量形式释放电量,为其他蓄电池争取更多充电时间。这样整个系统的电量受制于容量最少的蓄电池。充电过程中,锂离子蓄电池一般有一个充电上限保护电压值,当某一串蓄电池达到此电压值后,BMS会切断充电回路,停止充电。如果充电时的电压超过这个数值,也就是俗称的"过充",锂离子蓄电池就有可能燃烧或者爆炸。因此,BMS一般都具备过充保护功能,防止蓄电池过充。

如图1-2-45所示,充电过程中2号蓄电池先被充电至保护电压值,触发BMS的保护机制,停止蓄电池系统的充电,这样直接导致1号、3号蓄电池无法充满。整个系统的满充电量受限于2号蓄电池,这就造成了系统损失。为了增加蓄电池系统的电量,BMS会在充电时均衡蓄电池。均衡启动后,BMS会对2号蓄电池进行放电,延迟其达到保护电压值的时间,这样1号、3号蓄电池的充电时间也相应延长,进而提升整个蓄电池系统的电量。但是,2号蓄电池放电电量100%被转换成热量释放,造成了很大的浪费(2号蓄电池的散热是系统的损失,也是电量的浪费)。

除了过充对蓄电池会有严重影响外,过放也会造成蓄电池严重损坏。同样,BMS 具备过放保护功能。放电时,2 号蓄电池的电压到达放电保护值时,触发 BMS 的保护机制,停止系统放电,直接导致 1 号、3 号蓄电池的余量电量无法被完全使用,均衡启动后会改善系统过放。

被动均衡的优点是成本低和电路设计简单;缺点是以最低蓄电池残余量为基准进行均衡,无法增加残量少的蓄电池的容量,且均衡电量 100% 以热量形式被浪费,如图 1-2-46 所示。

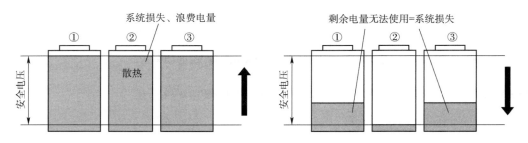

图 1-2-45　蓄电池保护造成系统损失的原因　　　图 1-2-46　被动均衡放电时无法均衡

②主动均衡。主动均衡是以电量转移的方式进行的均衡,其效率高,损失小。不同厂家的方法不同,均衡电流也从 1A 到 10A 不等。目前市场上出现的很多主动均衡技术尚不成熟,导致蓄电池过放,加速蓄电池衰减的情况时有发生。市场上的主动均衡大多采用变压原理,如图 1-2-47 所示,变压方式的主动均衡以每 6 串蓄电池为一组,取 6 串蓄电池的总电量进行均衡,将电量转移给剩余电量低的蓄电池。变压方式主动均衡需要芯片厂家提供昂贵的芯片。主动均衡除了均衡芯片外,还需要昂贵的变压器等零部件,体积较大,成本较高。

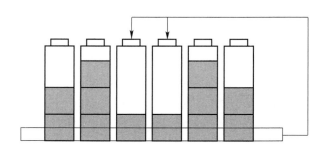

图 1-2-47　变压方式主动均衡原理

电感式主动均衡以物理转换为基础,集成了电源开关和微型电感,采用双向均衡方式,通过相近或相邻蓄电池间的电荷转移均衡蓄电池,并且不论蓄电池处于放电、充电还是静置状态,都可以进行均衡,均衡效率高达 92%。

其充电和放电工作原理,如图 1-2-48 及图 1-2-49 所示。充电时,2 号蓄电池将电量转移给 1 号、3 号蓄电池,高效的电荷转移,使得充电时 3 个蓄电池的电压一直保持均衡状态,这样所有蓄电池都能充满。放电时,1 号、3 号蓄电池将电量转移给 2 号蓄电池,3 个蓄电池的电压一直在均衡状态下放电,这样所有蓄电池电量都能用完。

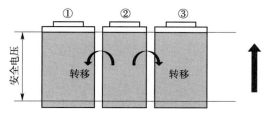
图 1-2-48 电感式主动均衡充电时的工作原理

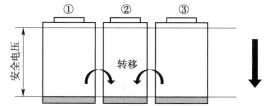
图 1-2-49 电感式主动均衡放电时的工作原理

（3）均衡效果。在不同条件下对电感式主动均衡进行充分的测试验证，可以发现，对严重衰减的蓄电池，也可以实现蓄电池的均衡，最大限度地使用蓄电池。如图 1-2-50 所示，Cell-1 为 12Ah，Cell-2 为 4Ah，主动均衡可将电压参差不齐的蓄电池均衡一致。主动均衡在 8 串联蓄电池系统中的均衡测试效果如图 1-2-51 所示。

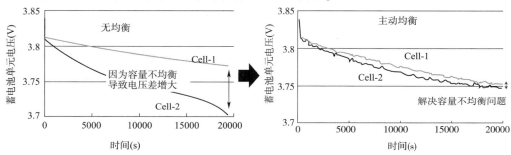
图 1-2-50 主动均衡用于不同容量蓄电池的均衡效果

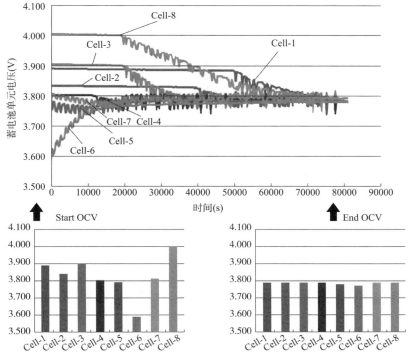
图 1-2-51 主动均衡在 8 串联蓄电池系统中的作用

主动均衡的优点是效率高、能量损失小且蓄电池残容量平均;缺点是成本高、电路设计复杂。

(4)均衡电流的大小。谈到均衡电流的大小,很多人都认为均衡电流一定要足够大才能均衡蓄电池,这其实是一种误解。假如蓄电池系统内的蓄电池在使用过程中容量能够保持一致,或者蓄电池在不均衡状态恶化之前能够得到修复,那么就没有必要使用那么大的均衡电流。

主动均衡的均衡电流只要 1～1.5A 就足够了,其计算公式为:

所需要的均衡电流 = 蓄电池相互之间的容量差 ÷ 可用于均衡的时间

蓄电池之间的容量差是指一个蓄电池系统内相近或相邻蓄电池之间的容量的差。一般来说,整车厂都会要求蓄电池厂在供货时挑选一致性好的蓄电池,甚至有的整车厂会要求压差在 10mV 或几毫伏以内,所以蓄电池厂会先筛选出一致性较好的蓄电池,把 SOC(蓄电池剩余电量百分比)和电压调成一致后再送到整车厂,这样就能够避免蓄电池系统装车后出现容量差和不一致的问题。

可用于均衡的时间是指均衡系统在电动汽车充电和放电时间内可以进行均衡的时间。出于对整车的安全性和电量消耗的考虑,一般都会在充电及放电过程中对蓄电池进行均衡,将充放电时间作为可以均衡的时间。首先一辆电动汽车是不可能在 10min 内将所有的电量都用完的,即使连续不停地行驶,也至少需要 2～3h。换言之,放电时可均衡时间为 2～3h。其次是充电过程,一般电动汽车的充电时间需要 5～8h。这就意味着在一个充放电过程中至少有 7h 可以用于均衡,如果在这段时间内可以完成均衡,就意味着 1.5A 的均衡电流是足够的(即使是快充模式,充电时间也有 1h 以上)。

以蓄电池容量 100Ah 为例,SOC 出现 3% 的差异时,以 1.5A 的均衡电流进行均衡,2h 即可使蓄电池达到均衡,即使有 10% 的差异,也只需要 6.6h,所以 1.5A 的均衡电流是绰绰有余的。并且,因为整车厂要求十分严格,相近或相邻的蓄电池不可能有 10% 的差异。更关键的是成本和空间问题,均衡电流越大,周边的电子零部件的体积也会变大,价格也会随之上涨,所以若采用大均衡电流,不仅会扩大产品尺寸,还将增加成本。

2)实验步骤

(1)连接实验台电源线,确保漏电保护插头和急停开关处于通电状态,并打开点火开关。

(2)打开工业平板电脑电源开关。

(3)启动通信数据解析软件。

(4)打开工程文件。

(5)连接设备。

(6)运行软件,进行数据读取与分析。

(7)根据实际情况,每隔 5min 记录一次蓄电池号为 4 的倍数的单体蓄电池(可根据教学选择其他间隔号的单体蓄电池)数据,共记录 40min,即 8 次数据;

(8)根据记录的数据绘制单体蓄电池电压、充电电流、动力蓄电池温度及 SOC 数据曲线。

3)数据记录

根据实验操作,记录实验结果,完成表 1-2-1～表 1-2-3。

动力蓄电池单体电压充电数据表　　　　　　表 1-2-1

序　号	动力蓄电池									
	4号	8号	12号	16号	20号	24号	28号	32号	36号	40号
1										
2										
3										
4										
5										
6										
7										
8										

动力蓄电池充电温度表　　　　　　表 1-2-2

序　号	动力蓄电池									
	4号	8号	12号	16号	20号	24号	28号	32号	36号	40号
1										
2										
3										
4										
5										
6										
7										
8										

充电工况电流及 SOC 表　　　　　　表 1-2-3

项　目	动力蓄电池									
	4号	8号	12号	16号	20号	24号	28号	32号	36号	40号
电流(A)										
SOC(%)										

4）实验总结

根据实验结果及记录数据，绘制单体蓄电池电压、充电电流、动力蓄电池温度及 SOC 数据曲线，并对其进行分析。

2．放电工况动力蓄电池数据解析

1）实验步骤

(1) 连接实验台电源线，确保漏电保护插头和急停开关处于通电状态，并打开点火开关。

(2) 打开工业平板电脑电源开关。

(3) 启动通信数据解析软件。

(4)打开工程文件。

(5)连接设备。

(6)运行软件,进行数据读取与分析。

(7)将电阻箱风机开关打开,然后负载电流设置在20A(出于安全考虑,选择电流较小,可根据情况选择其他电流值)。

(8)根据实际情况,每隔5min记录一次蓄电池号为4的倍数的单体蓄电池(可根据教学选择其他间隔号的单体蓄电池)数据,共记录40min,即8次数据;

(9)根据记录的数据绘制单体蓄电池电压、电流、动力蓄电池温度及SOC数据曲线。

2)数据记录

根据实验操作,记录实验结果,完成表1-2-4~表1-2-6。

动力蓄电池单体电压放电数据表　　　　　　　　　　　　　　　　表1-2-4

序号	动力蓄电池									
	4号	8号	12号	16号	20号	24号	28号	32号	36号	40号
1										
2										
3										
4										
5										
6										
7										
8										

动力蓄电池放电温度表　　　　　　　　　　　　　　　　表1-2-5

序号	动力蓄电池									
	4号	8号	12号	16号	20号	24号	28号	32号	36号	40号
1										
2										
3										
4										
5										
6										
7										
8										

放电工况电流及SOC表　　　　　　　　　　　　　　　　表1-2-6

项目	动力蓄电池									
	4号	8号	12号	16号	20号	24号	28号	32号	36号	40号
电流(A)										
SOC(%)										

3）实验总结

根据实验结果及记录数据,绘制单体蓄电池电压、放电电流、动力蓄电池温度及 SOC 数据曲线,并对其进行分析。

六、编写实验报告

实验结束后,应对数字式仪表盘的工作过程和开发过程进行评价分析,并写出实验报告。实验报告内容主要包括:封面;实验名称;实验目的;实验时间地点;参加人员;实验方法;实验结果数据和图像;结论及分析等。

七、实验评价

完成实验后,由指导教师根据学生在实验操作和撰写实验报告的情况,按照实验项目评分标准(表1-2-7)给予评价。

实验项目评分标准　　　　　　　　　　表1-2-7

考核项目	评分标准	分值
实验操作		60
安全操作	按照实验要求操作,没有损坏仪器设备或人员受伤	10
规范操作	遵守实验室规章,按照实验操作章程进行操作,没有违规操作	10
文明操作	文明实验,工具、仪器摆放整齐;实验结束后关闭设备,整理实验台	10
实验完成质量	测量数据准确;图形趋势正确	30
撰写实验报告		40
实验报告格式	实验报告格式规范、内容完整	10
工程的设计	流程准确,条理清楚,过程讲述清晰,结果验证准确	20
结果分析与心得	测量数据画图准确、趋势正确;能够用所学的专业知识对实验结果进行分析	10
总分		100
奖励项		
创新	对实验方案、分析方法有可行的创新	20

实验三 纯电动汽车制动能量回收系统实验

一、实验目的

掌握电动汽车制动能量回收系统的工作原理,通过实验得到能量回收与车速、SOC、挡位的关系。

二、实验原理

电动汽车在制动时,通过把车辆动能转换为发电模式,将一部分动能转化为电能储存起来。控制器通过监控车速、挡位、SOC 来确定回收系统的电流,制动能量回收系统的工作原理如图 1-3-1 所示。

图 1-3-1 制动能量回收系统工作原理

三、实验性质和实验内容

(1)本实验属于验证性实验。
(2)实验内容:不同车速下制动能量回收实验;不同 SOC 下制动能量回收实验;不同挡位下制动能量回收实验;制动能量回收电流测量实验;制动能量回收数据分析实验。

四、主要实验仪器设备型号和规格

PMTA-ELC-ABS 型纯电动汽车制动能量回收系统实验台(图 1-3-2),是以北汽新能源车型制动能量回收系统为原型而开发的教学实验设备。实验台使用两块控制电路板模拟电动机控制器(MCU)和整车控制器(VCU),采用小型永磁同步电动机、组态屏分别模拟车辆的驱动电动机和显示仪表,辅以挡位、加速旋钮、制动轮缸和 LED 指示灯,共同组成一套制动能量回收模拟系统。实验台能够模拟各种工况下,车辆制动能量回收情况,通过万用表测量回收电流的大小。

该实验台主要由图 1-3-2 标示的 8 个功能模块组成,下面简单介绍模块功能:

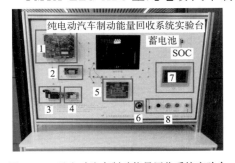

图 1-3-2 纯电动汽车制动能量回收系统实验台
1-电动机控制器;2-制动轮缸;3-驱动电动机;4-车身惯性模拟电动机;5-整车控制器;6-换挡旋钮;7-显示仪表;8-实验台控制旋钮

（1）电动机控制器。此模块为电动机驱动控制板,可驱动 300W 以内永磁同步电动机,具有制动能量回收功能。

（2）制动轮缸。此模块使用车辆上的鼓式制动器,安装有限位螺栓和复位弹簧,在系统进行机械制动时可动作。

（3）驱动电动机。此模块为一台小型永磁同步电动机,功率为 64W,通过联轴器与惯性模拟电动机连接。

（4）车身惯性模拟电动机。此模块为一台直流电动机,其驱动控制板受模拟整车控制器（VCU）控制,通过联轴器与驱动电动机连接。

（5）整车控制器。此模块为基于飞思卡尔 S12 处理器的多功能可配置控制器,该控制器具有资源丰富、接口齐全、可靠性高等特点。在实验台上主要负责采集挡位、加速、制动等信号,并与电动机控制器进行通信。

（6）换挡旋钮。此模块为低速电动机汽车上通用的旋钮式换挡机构,具有 R、N、D 3 个挡位,作为系统挡位输入机构。

（7）显示仪表。此模块为触控式组态屏开发的显示仪表,可显示模拟车速、运行电流、挡位和制动信息等内容。

（8）实验台控制旋钮。此模块主要包括制动力度模拟推杆、加速旋钮、急停开关、电源指示灯和点火开关。

制动能量回收系统实验台的基本操作:

（1）连接实验台电源线,确保漏电保护插头和急停开关处于通电状态,并打开点火开关。

（2）使用跨接线将图 1-3-3 所示的两个端子连接。

（3）将制动力度推杆推到最下面,制动力度标值为 0.1~1,对应的是制动力从 10% 到 100%,调节蓄电池 SOC 模拟推杆,可以改变 SOC 值。

（4）将换挡旋钮拧至 D 挡。

（5）转动加速旋钮,可以看到驱动电动机运行并带动车辆惯性模拟电动机,与此同时,蓄电池到电动机控制器、电动机控制器到驱动电动机之间的红色 LED 灯依次亮起,模拟电流从蓄电池流向驱动电动机的过程。

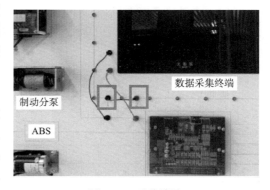

图 1-3-3 连线端子

（6）松开加速踏板,将制动力度推杆向上拨动,观察流水灯状态、仪表上能量流动状态和制动轮缸动作。如果满足能量回收的触发条件,系统回收能量,会看到驱动电动机到电动机控制器再到蓄电池之间的绿色流水灯依次亮起,模拟发电机发电,电流从发电机流向蓄电池,给蓄电池充电。仪表上显示驱动电动机到动力蓄电池的流动动画。如果系统没有能量回收,则会看到制动轮缸进行动作,表明系统在进行机械制动。在一定条件下,系统既具有能量回收,又进行机械制动。

（7）在不同车速、不同 SOC、不同挡位下,观察能量回收情况。

五、实验项目与操作

1. 不同车速下制动能量回收实验

1）实验目的

了解不同车速下制动能量回收情况。

2）教学设备

PMTA-ELC-ABS 型纯电动汽车制动能量回收系统实验台。

3）实验操作内容

(1) 连接实验台电源线,确保漏电保护插头和急停开关处于通电状态,并打开点火开关。

(2) 使用跨接线将图 1-3-3 所示的两个端子连接。

(3) 将制动力度推杆推到最下面,调节蓄电池 SOC 模拟推杆并查看仪表,将 SOC 设置为 50%~70%。

(4) 将换挡旋钮拧至 D 挡,保证系统电动机可以运行。

(5) 转动加速旋钮,将仪表车速拧至 5km/h,保持电动机转速稳定,观察流水灯及仪表。

(6) 松开加速踏板,将制动力度推杆向上微微拨动至 10% 行程以内,观察流水灯状态、仪表上能量流动状态和制动轮缸动作,并做好记录。然后将制动力度推杆拨至最下面,转动加速旋钮,将仪表车速拧至 5km/h,保持电动机转速稳定,松开加速踏板,将制动力度推杆拨动至 50% 左右,观察流水灯状态、仪表能量流动和制动轮缸动作,并记录。最后重复同样操作,将制动力度推杆拨动至 80% 以上,观察现象并记录。

(7) 按照步骤 (5)、(6) 的方法,分别将车速保持在 10km/h、15km/h、20km/h、50km/h 和 80km/h,并调节不同制动力度,观察现象并记录数据。

(8) 将制动力度推杆拨动至最下面,将换挡旋钮拧至 N 挡,蓄电池 SOC 推杆推至 0,关闭电源开关,拔下第 (2) 步中的跨接线,整理实验台,拔下电源插头或按下漏电保护插头测试按键以断开总电源。

4）数据记录

请根据以上实验操作,记录实验结果,完成表 1-3-1(能量回收情况根据实验结果,描述流水灯、显示仪表和制动轮缸的工作情况)。

不同车速下制动能量回收实验　　　　　　　　　　表 1-3-1

车辆挡位		D	SOC(%)		
车速(km/h)	制动力度	能量回收情况	车速(km/h)	制动力度	能量回收情况
5	<0.1		20	<0.1	
	0.1~0.7			0.1~0.7	
	>0.7			>0.7	
10	<0.1		50	<0.1	
	0.1~0.7			0.1~0.7	
	>0.7			>0.7	
15	<0.1		80	<0.1	
	0.1~0.7			0.1~0.7	
	>0.7			>0.7	

5）实验总结

根据实验结果,总结不同车速对车辆制动能量回收的影响。

2. 不同 SOC 下制动能量回收实验

1）实验目的

了解不同蓄电池 SOC 下制动能量回收情况。

2）教学设备

PMTA-ELC-ABS 型纯电动汽车制动能量回收系统实验台。

3）实验操作内容

（1）连接实验台电源线,确保漏电保护插头和急停开关处于通电状态,并打开点火开关。

（2）使用跨接线将图 1-3-3 所示的两个端子连接。

（3）将制动力度推杆推到最低,调节蓄电池 SOC 推杆并查看仪表,将 SOC 设置为 50%。

（4）将换挡旋钮拧至 D 挡,保证系统电动机可以运行。

（5）转动加速旋钮,将仪表车速拧至 80km/h,保持电动机转速稳定,观察流水灯及仪表。

（6）松开加速踏板,将制动力度推杆向上微微拨动至 10% 行程以内,观察流水灯状态、仪表上能量流动状态和制动轮缸动作,并做好记录。然后将制动力度推杆拨至最下面,转动加速旋钮,将仪表车速拧至 80km/h,保持电动机转速稳定,松开加速踏板,将制动力度推杆拨动至 50% 左右,观察流水灯状态、仪表能量流动和制动轮缸动作,并记录。最后重复同样操作,将制动力度推杆拨动至 80% 以上,观察现象并记录。

（7）按照步骤（3）至步骤（6）的方法,分别将蓄电池 SOC 保持在 70%、80%、100%,并调节不同制动力度,观察现象并记录数据。

（8）将制动力度推杆拨动至最下面,将换挡旋钮拧至 N 挡,蓄电池 SOC 推杆推至 0,关闭电源开关,拔下第（2）步中的跨接线,整理实验台,拔下电源插头或按下漏电保护插头测试按键以断开总电源。

4）数据记录

请根据以上实验操作,记录实验结果,完成表 1-3-2（能量回收情况根据实验结果,描述流水灯、显示仪表和制动轮缸的工作情况）。

不同 SOC 下制动能量回收实验　　　　表 1-3-2

车辆挡位		D	车速（km/h）		80
SOC(%)	制动力度	能量回收情况	SOC(%)	制动力度	能量回收情况
50	<0.1		80	<0.1	
	0.1~0.7			0.1~0.7	
	>0.7			>0.7	
70	<0.1		100	<0.1	
	0.1~0.7			0.1~0.7	
	>0.7			>0.7	

5）实验总结

根据实验结果,总结不同 SOC 对车辆制动能量回收的影响。

3. 不同挡位制动能量回收实验

1) 实验目的

改变车的挡位,观察不同挡位下制动能量回收情况。

2) 教学设备

PMTA-ELC-ABS 型纯电动汽车制动能量回收系统实验台。

3) 实验内容

(1) 连接实验台电源线,确保漏电保护插头和急停开关处于通电状态,并打开点火开关。

(2) 使用跨接线将图 1-3-3 所示的两个端子连接。

(3) 将制动力度推杆推到最下面,调节蓄电池 SOC 模拟推杆并查看仪表,将 SOC 设置为 50%~70%。

(4) 将换挡旋钮拧至 D 挡,保证系统电动机可以运行。

(5) 转动加速旋钮,将仪表车速拧至 80km/h,保持电动机转速稳定,观察流水灯及仪表。

(6) 松开加速踏板,将制动力度推杆向上微微拨动至 10% 行程以内,观察流水灯状态、仪表上能量流动状态和制动轮缸动作,并做好记录。然后将制动力度推杆拨至最下面,转动加速旋钮,将仪表车速拧至 80km/h,保持电动机转速稳定,松开加速踏板,将制动力度推杆拨动至 50% 左右,观察流水灯状态、仪表能量流动和制动轮缸动作,并记录。最后重复同样操作,将制动力度推杆拨动至 80% 以上,观察现象并记录。

(7) 将换挡旋钮拧至 R 挡,参照步骤 (5)、(6) 的方法,并调节不同制动力度,观察现象并记录数据。

(8) 将制动力度推杆拨动至最下面,将换挡旋钮拧至 N 挡,蓄电池 SOC 推杆推至 0,关闭电源开关,拔下第 (2) 步中的跨接线,整理实验台,拔下电源插头或按下漏电保护插头测试按键,以断开总电源。

4) 数据记录

请根据以上实验操作,记录实验结果,完成表 1-3-3(能量回收情况根据实验结果,描述流水灯、显示仪表和制动轮缸的工作情况)。

不同挡位下制动能量回收实验　　　　　表 1-3-3

车速(km/h)		80	SOC(%)		
挡位	制动力度	能量回收情况	挡位	制动力度	能量回收情况
D	<0.1		R	<0.1	
	0.1~0.7			0.1~0.7	
	>0.7			>0.7	

5) 实验总结

根据实验结果,总结不同挡位对车辆制动能量回收的影响。

4. 制动能量回收电流测量实验

1) 实验目的

测量实验台的制动能量回收电流,观察参数变化对回收电流的影响关系。

2）教学设备

PMTA-ELC-ABS 型纯电动汽车制动能量回收系统实验台。

3）实验内容

（1）连接实验台电源线，确保漏电保护插头和急停开关处于通电状态，并打开点火开关。

（2）打开万用表调节至直流 2A 电流挡，将红黑表笔分别连接在如图 1-3-3 所示的两个端子上，如两端子之间有跨接线请取下。

（3）将制动力度推杆推到最下面，调节蓄电池 SOC 模拟推杆并查看仪表，将 SOC 设置为 50%~70%。

（4）将换挡旋钮拧至 D 挡，保证系统电动机可以运行。

（5）转动加速旋钮，将仪表车速拧至 80km/h，保持电动机转速稳定，观察流水灯及仪表。

（6）松开加速踏板，将制动力度推杆向上拨动至 50% 行程左右，观察仪表上车速变化与万用表上电流变化，此步骤可反复操作多次，并根据操作做好记录。

（7）分别将车速保持在 70km/h、60km/h、50km/h，参照步骤（5）、（6）的方法，观察现象并记录数据。

（8）将制动力度推杆拨动至最下面，将换挡旋钮拧至 N 挡，蓄电池 SOC 推杆推至 0，关闭电源开关，拔下第（2）步中的跨接线，整理实验台卫生，拔下电源插头或按下漏电保护插头测试按键，以断开总电源。

4）数据记录

请根据以上实验操作，记录实验结果，完成表 1-3-4。

参数变化对回收电流的影响   表 1-3-4

车辆挡位	D		蓄电池 SOC（%）	
制动力度	0.5		车速单位	km/h
降速	初速			
	80	70	60	50
70		—	—	—
60			—	—
50				—
40				
30				
20				
10				

5）实验总结

根据实验结果，分析制动起始转速对车辆制动能量回收和回收电流的影响。

5. 制动能量回收数据分析实验

1) 实验目的

了解不同工况下驱动电动机功率、转速和转矩的关系，学习绘制电动机功率、转矩随转速变化的曲线。

2) 教学设备

PMTA-ELC-ABS 型纯电动汽车制动能量回收系统实验台。

3) 实验内容

图 1-3-4　程序图标

（1）连接实验台电源线，确保漏电保护插头和急停开关处于通电状态，并打开点火开关。

（2）打开实验台平板电脑电源，使用跨接线连接图 1-3-3 所示的两个端子。

（3）在电脑界面上打开图 1-3-4 所示软件。

（4）在软件界面，依次点击"连接""启动 CAN"（图 1-3-5）。

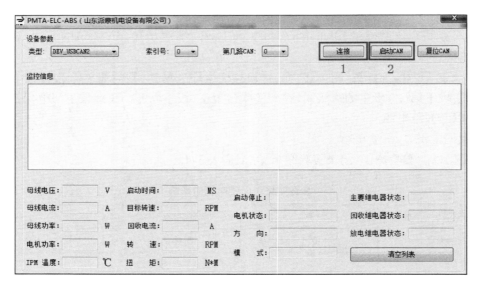

图 1-3-5　连接、启动 CAN

（5）将制动力度推杆推到最下面，调节蓄电池 SOC 模拟推杆并查看仪表，将 SOC 设置为 50%～70%。

（6）将换挡旋钮拧至 D 挡，保证系统电动机可以运行。

（7）将实验仪表车速每隔 5km/h 设置一个单元（即 5km/h, 10km/h, 15km/h, ……, 100km/h），转动加速旋钮，控制仪表车速依次稳定在每个单元数据上，在数据读取软件中读取并记录电动机功率、转矩和转速。

（8）根据读取的数据，以转速为横轴，转矩和功率为纵轴，描点绘制电动机的功率、转矩曲线。

（9）将换挡旋钮拧至 N 挡，蓄电池 SOC 推杆推至 0，关闭电源开关，拔下第（2）步中的跨接线，整理实验台，拔下电源插头或按下漏电保护插头测试按键以断开总电源。

4）数据记录

请根据以上实验操作,记录实验结果,完成表1-3-5。

不同工况下驱动电动机转速、转矩和功率　　　　表1-3-5

车速 (km/h)	转速 (r/min)	转矩 (N·m)	功率 (W)	车速 (km/h)	转速 (r/min)	转矩 (N·m)	功率 (W)
5				55			
10				60			
15				65			
20				70			
25				75			
30				80			
35				85			
40				90			
45				95			
50				100			

5）实验总结

根据实验结果及记录数据,绘制电动机功率与转矩曲线。

六、编写实验报告

实验结束后,应对电动机的测试过程进行评价分析,并写出实验报告。实验报告内容主要包括：封面；实验名称；实验目的；实验时间地点；参加人员；实验方法；实验结果数据和图像；结论及分析等。

七、实验评价

完成实验后,由指导教师根据学生在实验操作和撰写实验报告的情况,按照实验项目评分标准(表1-3-6)给予评价。

实验项目评分标准　　　　表1-3-6

考 核 项 目	评 分 标 准	分值
实验操作		60
安全操作	按照实验要求操作,没有损坏仪器设备或人员受伤	10
规范操作	遵守实验室规章,按照实验操作章程进行操作,没有违规操作	10
文明操作	文明实验,工具、仪器摆放整齐；实验结束后关闭设备,整理实验台	10
实验完成质量	测量数据准确；图形趋势正确	30

续上表

考核项目	评分标准	分值
撰写实验报告		40
实验报告格式	实验报告格式规范、内容完整	10
工程的设计	流程准确,条理清楚,过程讲述清晰,结果验证准确	20
结果分析与心得	测量数据画图准确、趋势正确;能够用所学的专业知识对实验结果进行分析	10
总分		100
奖励项		
创新	对实验方案、分析方法有可行的创新	20

实验四　车身电气控制系统（BCM）实验

一、实验目的

掌握电动汽车车身电气控制系统（BCM）的工作过程和控制原理，测试各个电器系统的电压变化，学习编写程序并通过 CAN 通信实现控制过程。加深对车身电气控制系统（BCM）的工作原理和控制策略的理解。

二、实验原理

利用飞思卡尔芯片实现对汽车电器的通信控制，包括左前门车窗车锁控制器、左后门车窗车锁控制器、右前门车窗车锁控制器、右后门车窗车锁控制器、超声波模块、网关、发动机 ECU、组合仪表等部分。上位机与管理单元进行通信，实现对车身电器系统的实时通信和控制。

三、实验性质和实验内容

（1）本实验属于综合性实验。

（2）实验内容：CAN 通信实验；I/O 输入输出实验；车窗驱动实验；闭锁控制实验；灯光控制实验；组合仪表实验；超声波模块实验。

四、主要实验仪器设备型号和规格

1. **实验台功能模块**

PMTA-ELC-ECL 型车身控制系统（BCM）实验台如图 1-4-1 所示。

该实验台分为 9 个功能模块，下面简单介绍各模块功能：

（1）转向灯控制单元。负责采集灯光开关信号，控制转向灯以及协调各车窗控制。

（2）左前门电控单元。包括左前门车窗车锁控制器、驾驶人侧闭锁控制单元、后电动摇窗机锁止开关、左前电动摇窗机开关、左后电动摇窗机开关、右前电动摇窗机开关、右后电动摇窗机开关、车内中央闭锁开关、驾驶人侧后视镜和后视镜调节开关。

（3）左后门电控单元。包括左后门车窗车锁控制器、左后电动摇窗机开关、左后电动摇窗机起动机和左后闭锁控制单元。

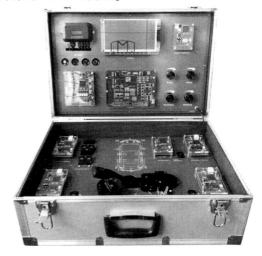

图 1-4-1　车身控制系统（BCM）实验台

(4) 右前门电控单元。包括右前门车窗车锁控制器、右前电动摇窗机开关、右前电动摇窗机起动机、右前闭锁控制单元和右前后视镜。

(5) 右后门电控单元。包括右后门车窗车锁控制器、右后电动摇窗机开关、右后电动摇窗机起动机和右后闭锁控制单元。

(6) 舒适系统中央控制单元。接收无线遥控钥匙消息并发送相应的 CAN 锁车命令。

(7) 发动机控制 ECU。采集模拟车速、模拟转速、模拟冷却液温度、模拟燃油油量信号，通过 CAN 传输到组合仪表。

(8) 超声波模块。通过四路超声波传感器探头，将距离数据通过串口发送至网关。

(9) 网关。接收超声波模块的数据，通过 CAN 总线发送至组合仪表显示。

2．实验系统组成

实验系统组成框架如图 1-4-2 所示。

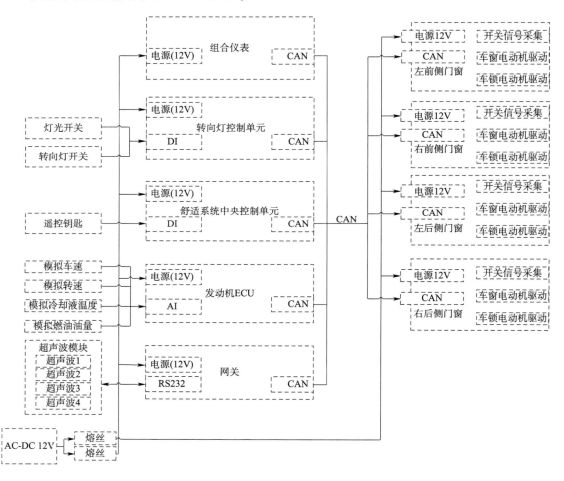

图 1-4-2　实验系统组成框架

(1) 车门电控单元(图 1-4-3)。

车门电控单元主要功能模块包括电动汽车车窗控制模块、车门锁驱动模块、CAN 通信模块、MCU 模块、信号检测模块和电源模块。

第一篇/实验四 车身电气控制系统(BCM)实验

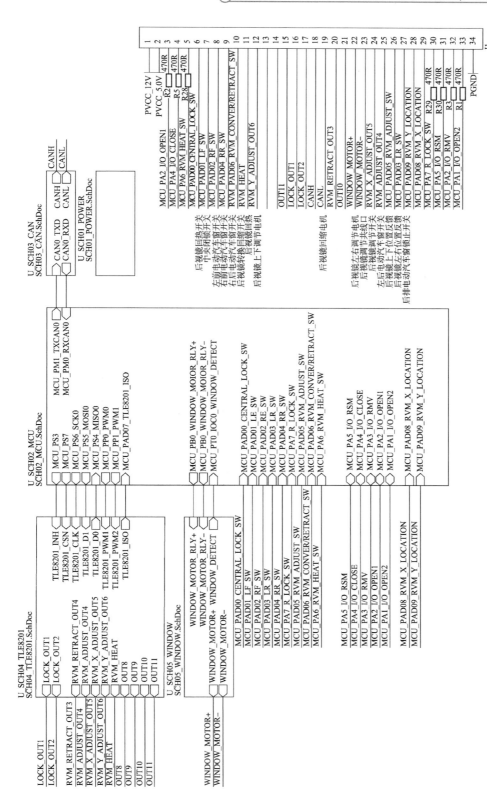

图1-4-3 车门节栓单元

(2)车窗电控单元(图1-4-4)。

使用车窗玻璃升降继电器ACJ2212实现对车窗玻璃升降机的控制,通过交替导通继电器两个线圈实现对车窗玻璃升降机的正反转,继电器通过NPN型三极管驱动。

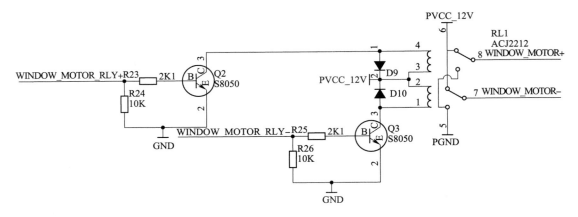

图1-4-4 车窗电控单元

(3)CAN通信电路。

使用TJA1050高速CAN收发器搭建各控制器之间的通信。前端电路CAN信号依次经过瞬态抑制、共模抑制和电流电压冲击移植保护,再通过TJA1050转换到单片机的CAN控制器(图1-4-5)。

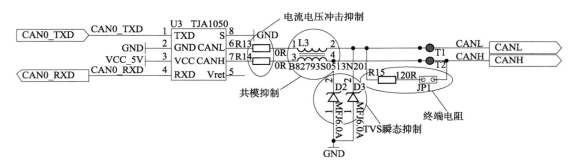

图1-4-5 CAN通信电路车门电控单元

(4)门锁驱动电路。

TLE8201是一种用于车门模块的高度集成功率ASSP(专用标准产品),其应用电路如图1-4-6所示。其功率满足用于驱动典型前车门应用中全部负载的功率需求,这些负载包括中央门锁、死锁或后视镜折叠、后视镜定位、后视镜加热,以及5W、10W车灯或LED(如转向信号灯、门控车室照明灯、安全警报灯或控制面板照明灯)等。

(5)信号检测电路(图1-4-7)。

(6)单片机电路(图1-4-8)。

主控芯片采用16位飞思卡尔MC9S12XEP100,单片机电路包括供电电路、晶振电路、复位电路、BDM(Background Debugging Mode,背景调节模式)下载接口以及与其他模块之间的通信接口。

第一篇/实验四 车身电气控制系统(BCM)实验

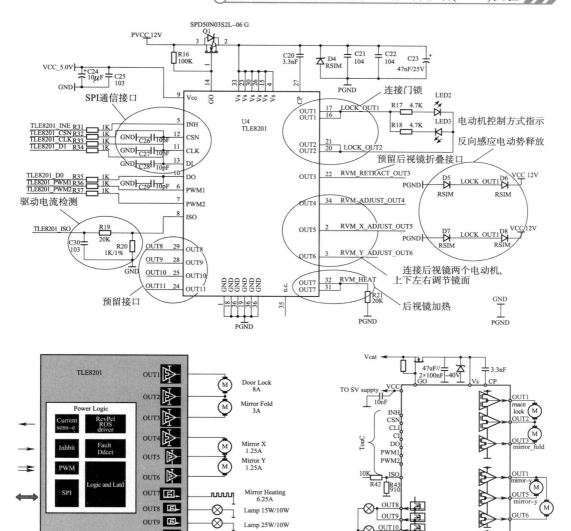

图 1-4-6 车门控制模块中的 TLE8201 应用电路

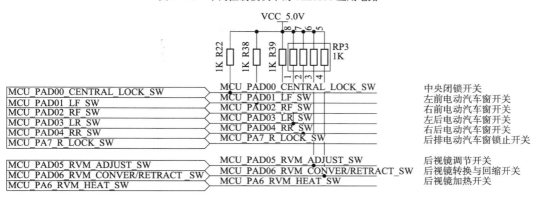

图 1-4-7 信号检测电路

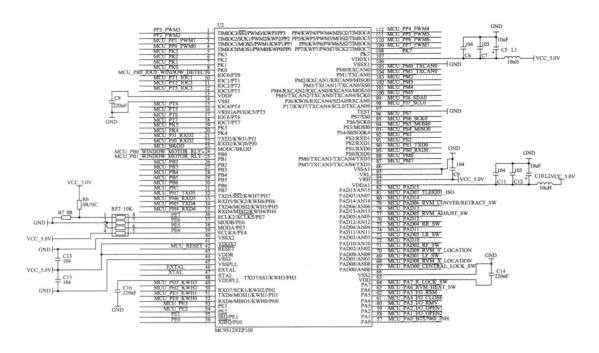

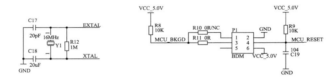

图 1-4-8 单片机电路

(7)电源电路(图 1-4-9)。

外部输入 12 V 电压,通过 LM7805 降压到 5 V,为单片机等芯片供电。

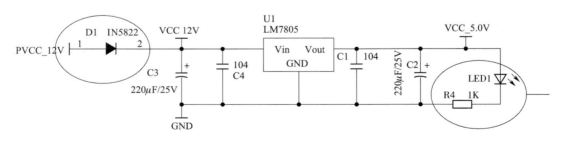

图 1-4-9 电源电路

五、实验项目与操作

1. 开发环境快速入门

1)实验目的

了解 MC9S12XEP100 基础知识;熟悉开发环境。

2）教学设备

飞思卡尔学习板；安装 Windows XP 以上操作系统的计算机；BDM 下载器。

3）教学内容

（1）安装 CodeWarrior IDE 开发环境。

双击 CW_HC12_v5.1_SPECIAL.exe 安装 CodeWarrior IDE，选择下一步或确认使用默认的安装即可（图 1-4-10）。

（2）安装 BDM 驱动程序。

将资料夹中的"\BDM 驱动程序\USBDMdriver\Debug_DLLs"文件夹下的 tbdml.dll、libusb-1.0.dll 和 usbdm-debug.4.dll 复制到 CodeWarrior 安装路径下的\CodeWarrior for S12(X) V5.0\prog\gdi 文件夹下。

将 BDM 插入计算机 USB 口，计算机弹出找到新硬件向导，选择"从列表或指定位置安装（高级）(S)"，并将搜索位置设置为资料夹中的"\BDM 驱动程序\USBDMdriver\USB_Driver\Drivers"，设备管理器显示：，则表示安装成功。

（3）新建工程，下载程序。

打开 CodeWarrior IDE，在"Startup"对话框中选择"Create New Projet"按钮（图 1-4-11）。

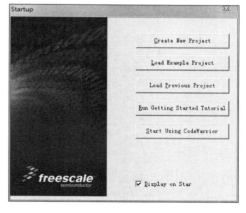

图 1-4-10　安装界面　　　　　　　　图 1-4-11　创建工程界面

选择"MC9S12XEP100"系列 MCU，选择调试器为"Full Chip Simulation"（图 1-4-12）。

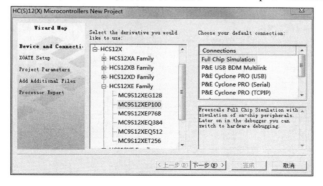

图 1-4-12　选择调试器

点击"下一步",选择"Single Core（HCS12X）",点击"下一步",设置工程名称和路径（图1-4-13）。

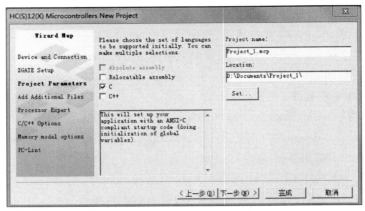

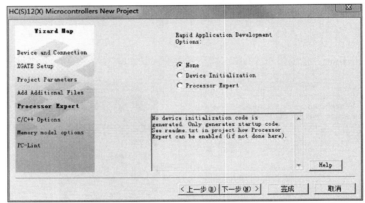

图1-4-13 设置工程名称和路径

点击"下一步",选择要加入的文件,然后直接点击"下一步",选择"None"后再次点击"下一步"（图1-4-14）。

按照如上设置,如果需要浮点运算支持,则选择浮点格式,然后点击"下一步"即可。

默认选择"No",点击"完成",则工程和相关库文件自动加入工程中（图1-4-15）。

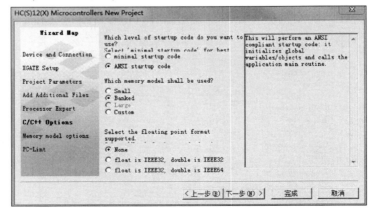

图 1-4-14

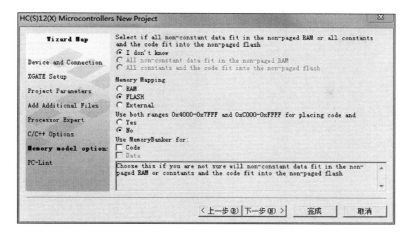

图1-4-14 工程设置

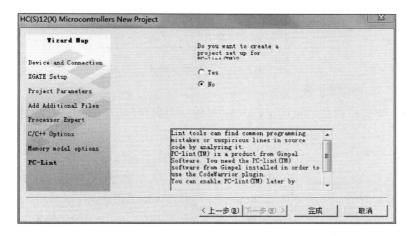

图1-4-15 完成工程的创建

(4) 编辑程序(图1-4-16)。

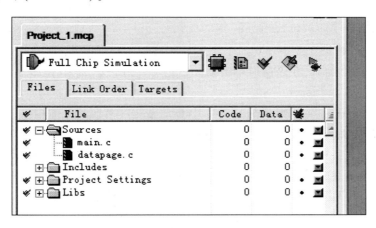

图1-4-16 编辑程序

双击打开"main.c",输入以下代码:
```
#include <hidef.h>
#include "derivative.h"
static int i;
void main(void)
{
    EnableInterrupts;
    for(;;) {
        i++;
    }
}
```
选择调试模式如图1-4-17所示。

图1-4-17 选择调试模式

点击" "按钮编译工程。

连接BDM调试器到核心板的P3口,注意接口引脚顺序,不要插错,否则会烧坏BDM或单片机。

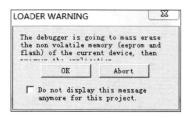

图1-4-18 LOADER WARNING对话框

打开点火开关,然后点击" "按钮下载并仿真程序。如图1-4-18所示,在弹出的LOADER WARNING对话框中点击"OK"开始下载程序,下载完成后程序自动执行到main函数的开始位置,并暂停程序运行,点击" "继续运行,点击" "停止运行,重复操作继续运行和停止运行,观察Data:1中i值的变化。并尝试使用单步" "等方法进行程序的调试,并观察i值的变化。

在DEBUG界面(图1-4-19)上:

Source为源文件窗口,在该窗口单击鼠标右键可以进行添加/取消断点,添加/取消触断点等操作,最多支持4个断点。

Assembly为汇编窗口,该窗口为Source中C语言程序对应的汇编程序,在该窗口单击鼠标右键可以进行添加/取消断点,添加/取消触点等操作。

Register为寄存器窗口,显示CPU各寄存器的内容,双击可修改寄存器的值。

Memory为存储器窗口,显示整个存储器的内容,双击某个存储单元可修改该存储单元的内容。在该窗口单击鼠标右键输入地址,可查看该地址的存放的数据。

Command为命令窗口,可显示整个调试系统的通信命令。

Procedure为过程窗口,可显示整个工程所使用到的函数。

Data:1、Data:2 为数据窗口,可显示各种变量的存储地址及内容。在该窗口单击右键,选择"Add Expression…"可增加要显示的变量。

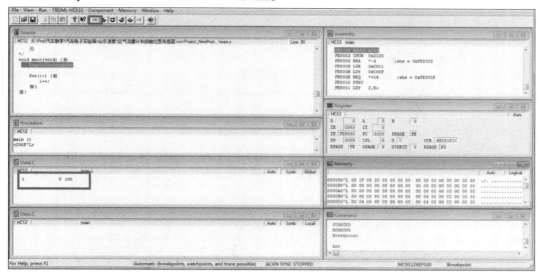

图 1-4-19　DEBUG 界面

2. I/O 输入输出实验

1) 实验目的

学习 I/O 飞思卡尔单片机输入输出;能读懂简单电路,学会用单片机驱动外围电路。

2) 教学设备

汽车电子与汽车总线网络实验系统。

3) 实验原理

I/O 输出模式控制 LED,转向灯控制部分原理如图 1-4-20 所示。

由图 1-4-20 可知,转向灯 LED 低电平点亮,通过控制 PAD03 和 PAD05 引脚的高低电平状态即可控制 LED 灯的亮灭。

4) 实验教学内容

通过寄存器,可以读取各个管脚的工作状态,也可以实现对各个管脚的控制。各个寄存器的 I/O 定义规则如下:

(1) DDR1AD0 寄存器,PAD 的 I/O 方向配置寄存器,I 为输入,可以写入数据;O 为输出,可以读取寄存器中的数据。

图 1-4-20

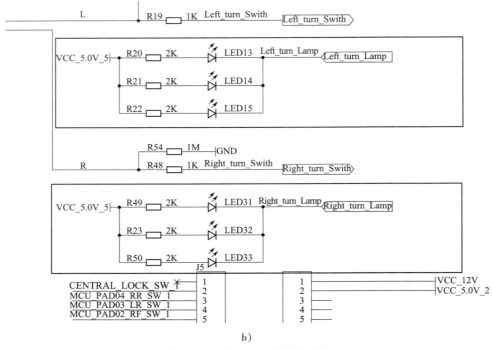

图 1-4-20 转向灯控制部分原理图

(2) DDR0AD0 与 DDR1AD0 寄存器类似,是 8~15pin 的方向配置寄存器,也是 I 为输入,O 为输出。

(3) ATDDIEN 寄存器,当置于 I 时,PAD 的 I/O 口可以将指令输入到寄存器;当置于 O 时可以读取寄存器中的数据。

(4) PT1AD0 寄存器,当 AD0 配置为通用 I/O 时,可以读/写各个引脚的工作状态。

(5) 实操例子:新建工程,编写程序控制转向灯 LED 的亮灭。

① 新建空白工程,在 main 函数加入如下代码:

```
DDR1AD0 =0x28;         // PAD03 & PAD05 配置为输出模式
ATD0DIEN =0XFF;        // PAD 口配置为数字口
while(1){
    PT1AD0_PT1AD03 = 0;// PAD3 输出高电平
    PT1AD0_PT1AD05 = 0;// PAD5 输出低电平
}
```

② 下载程序至转向灯控制单元。

(6) 任务:编写程序使转向灯 LED 实现双闪功能。

3. 车窗驱动实验

1) 实验目的

学习电动摇窗机开关原理,学习后电动摇窗机锁止原理,学习电动摇窗机驱动和测速原理以及仲裁机制。

2) 教学设备

汽车电子与汽车总线网络实验系统。

3）实验原理

（1）电动摇窗机开关原理。

电动摇窗机开关包括驾驶人侧电动摇窗机开关、右前电动摇窗机开关、左后电动摇窗机开关、右后电动摇窗机开关，它们既有相同之处也有不同之处。各门电控单元将采集到的电动摇窗机开关状态通过 CAN 总线传输给主电控单元。主电控单元进行判断裁决，再分别给各门电控单元下发对应操作指令。

①驾驶人侧电动摇窗机开关。

如图 1-4-21 所示，驾驶人侧电动摇窗机开关是通过切换不同阻值的电阻来区分对开关的不同操作的。

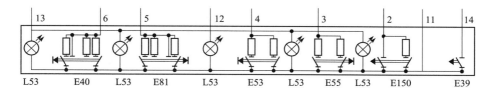

图 1-4-21 驾驶人侧电动摇窗机开关原理图

E39-后电动摇窗机锁止开关（驾驶人控制）；E53-左后电动摇窗机开关（驾驶人控制）；E81-右前电动摇窗机开关（驾驶人控制）；L53-摇窗机开关指示灯；E40-左前电动摇窗机开关（驾驶人控制）；E55-右后电动摇窗机开关（驾驶人控制）；E150-车内中央闭锁开关（驾驶人控制）

左前门电控单元分别对电动摇窗机开关输入信号串接 1K 上拉电阻，进行分压，以便单片机进行 AD 采集。驾驶人侧电动摇窗机开关管脚图如图 1-4-22 所示。

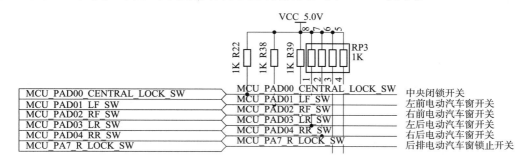

图 1-4-22 驾驶人侧电动摇窗机开关管脚图

车门电控单元对电动摇窗机开关状态进行数据采集，并将采集到的数据通过 CAN 总线传输给主电控单元。主电控单元根据数据进行判断裁决，再给各门电控单元下发对应操作指令。表 1-4-1 是驾驶人侧电动摇窗机开关对应的 10 位 AD 采集值。

驾驶人侧电动摇窗机开关对应的 10 位 AD 采集值表　　　　表 1-4-1

开关状态	默认	下一	下二	上一	上二
左前门升降	1023	200	13	680	360
右前门升降	1023	170	24	665	364
左后门升降	1023	150	无	660	无
右后门升降	1023	166	无	660	无

②右前、左后、右后电动摇窗机开关。

如图 1-4-23 所示,右前电动摇窗机开关本质是一个单刀双掷开关,开关上下动作时 1 脚和 2 脚交替出现 12V 电压。

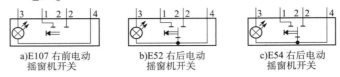

a)E107 右前电动摇窗机开关　　b)E52 右后电动摇窗机开关　　c)E54 右后电动摇窗机开关

图 1-4-23　右前、左后、右后电动摇窗机开关电路图

开关 1 脚和 2 脚分别连接到图 1-4-24 所示的 R10 和 R11 上进行分压,以便单片机进行 AD 采集。

（2）后电动摇窗机锁止原理。

后电动摇窗机锁止开关在驾驶人一侧,只有锁止和解锁两种状态,在锁止情况下,后座人员无法对左后和右后电动摇窗机进行操作。左前门电控单元将采集到的后电动摇窗机锁止开关状态通过 CAN 总线传输给主电控单元,当左后和右后电控单元申请升降玻璃时,主电控单元据此判断其是否有权限。表 1-4-2 是乘员侧电动摇窗机开关在不同状态下对应的水位 AD 采集值。

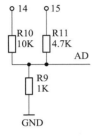

图 1-4-24　开关管脚图

乘员侧电动摇窗机开关在不同状态下对应的 10 位 AD 采集值表　　表 1-4-2

开关状态	默认	下	上
右前门升降	0	430	220
左后门升降	0	430	220
右后门升降	0	430	220

如图 1-4-25 所示,后电动摇窗机锁止开关本质是一个单刀单掷开关,一端接地,另一端输出到单片机 I/O 口（PA7）。

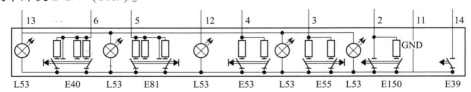

图 1-4-25　后车窗玻璃摇窗机电路图

E39-后电动摇窗机锁止开关（驾驶人控制）；E53-左后电动摇窗机开关（驾驶人控制）；E81-右前电动摇窗机开关（驾驶人控制）；L53-摇窗机开关指示灯；E40-左前电动摇窗机开关（驾驶人控制）；E55-右后电动摇窗机开关（驾驶人控制）；E150-车内中央闭锁开关（驾驶人控制）

单片机配置 PA7 为内部上拉电阻,单片机通过读取高低电平的变化即可获得开关的工作状态,表 1-4-3 为后电动摇窗机锁止开关在不同状态下对应的电平值。

后电动摇窗机锁止开关在不同状态下对应的电平值　　表 1-4-3

开关状态	锁止	解锁
电平值	0	1

(3）电动摇窗机驱动和测速原理。

使用车窗玻璃升降继电器 ACJ2212 实现对车窗玻璃升降机的控制,通过交替导通继电器的两个线圈实现车窗玻璃升降机的正反转。电动摇窗机驱动原理如图 1-4-26 所示。

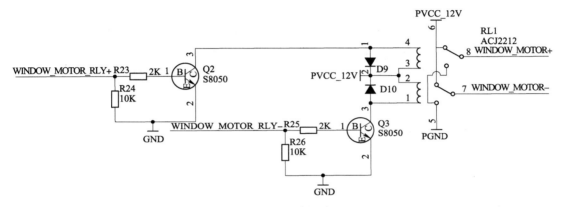

图 1-4-26　电动摇窗机驱动原理图

使用 AH513 双极锁存霍尔开关电路检测电动摇窗机电动机监控转速,通过上拉电阻 R27 提供 5V 电压。电动机转动时输出方波信号(全速时约 66Hz 频率),并将信号输入到单片机的 PT0,单片机根据检测到的方波监控电动机工作是否正常、判断升降玻璃位置和实现车窗防夹功能。例如,设置电动机运转截止频率为 30Hz,则电动机方波信号低于 30Hz 时电动机停止转动。电动摇窗机测速原理如图 1-4-27 所示。

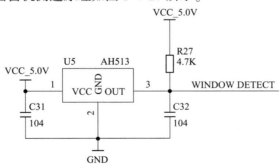

图 1-4-27　电动摇窗机测速原理图

(4）仲裁机制。

由于每个电动摇窗机均受两个开关分别控制,这就牵扯到优先级仲裁。以对右前电动摇窗机的操作为例,左前电控单元检测到右前电动摇窗机开关上升动作,主控单元允许执行上升动作,而此时右前电控单元检测到开关下降动作,此时主控单元需要对这两个互相矛盾的申请进行裁决。可按照排队原则(谁先申请谁优先)、优先级原则(驾驶人优先)或中立原则(停止动作,由操作的人来仲裁)进行仲裁,本实验采用中立原则。

(5)编程。

①左前电控单元开关信号采集和上报主控。

Controller_LeftAndFront.c 文件下

　　void LF_LeftAndFrontWindow(void); //左前升降车窗开关状态判断和处理
　　void LF_RightAndFrontWindow(void); //右前升降车窗开关状态判断和处理
　　void LF_LeftAndRearWindow(void); //左后升降车窗开关状态判断和处理
　　void LF_RightAndRearWindow(void); //右后升降车窗开关状态判断和处理

②右前电控单元开关信号采集和上报主控。

Controller_RightAndFront.c 文件下

　　void RF_RightAndFrontWindow(void); //右前车窗开关信号采集和处理

③左后电控单元开关信号采集和上报主控。

Controller_LeftAndRear.c 文件下

　　void RF_ LeftAndRear Window(void); //左后车窗开关信号采集和处理

④右后电控单元开关信号采集和上报主控。

Controller_RightAndRear.c 文件下

　　void RF_ RightAndRear Window(void); //右后车窗开关信号采集和处理

⑤主控单元命令解析。

host.c 文件下

　　void Host_Cmd_Analysis(void); //数据处理

⑥左前、右前、左后、右后电控单元命令解析。

slave.c 文件下

　　void Slave_Cmd_Analysis(void); //动作执行

(6)编程案例。

函数:"void LF_LeftAndFrontWindow(void)"

/*

函数描述:

　　左前车窗处理函数

输入参数:

　　无

输出参数:

　　无

返回参数:

　　无

*/

void LF_LeftAndFrontWindow(void)
{
　　static uchar s_CommandUpload_Flg = 0; //命令上报标志
　　static uint _num[5] = {0};
　　//获取开关电压,根据电压范围判断按键按下状态。

```c
if(g_ATD_Value[AD_WINDOW_LEFT_AND_FRONT] > 800)//开关无动作
{
    // 数据上报标志位置后将数据写入缓存并通过 CAN 发送给主控
    if(s_CommandUpload_Flg)
    {
        _num[1] = 0;
        _num[2] = 0;
        _num[3] = 0;
        _num[4] = 0;
        if ( ++_num[0] >= DEBOUNCE_COUNT) {
            _num[0] = 0;
            s_CommandUpload_Flg = 0;
            msg_tx.data[0] = 0x03;          //上报主机,开关复位
            msg_tx.data[1] = 0x03;
            CAN0_SendMsg(&msg_tx);          //CAN 发送
        }
    }
}
else if(g_ATD_Value[AD_WINDOW_LEFT_AND_FRONT] > 620)   //上升
{
    if(s_CommandUpload_Flg != 1)
    {
        _num[0] = 0;
        _num[2] = 0;
        _num[3] = 0;
        _num[4] = 0;
        if ( ++_num[1] >= DEBOUNCE_COUNT) {
            _num[1] = 0;
            s_CommandUpload_Flg = 1;
            msg_tx.data[0] = 0x03;          //上报主机,上升开关按下
            msg_tx.data[1] = 0x01;
            CAN0_SendMsg(&msg_tx);
        }
    }
}
else if(g_ATD_Value[AD_WINDOW_LEFT_AND_FRONT] > 320)//自动升到顶
{
    if(s_CommandUpload_Flg != 4)
    {
        _num[0] = 0;
        _num[1] = 0;
        _num[3] = 0;
```

```c
            _num[4] = 0;
            if(++_num[2] >= DEBOUNCE_COUNT){
                _num[2] = 0;
                s_CommandUpload_Flg = 4;
                msg_tx.data[0] = 0x03;           //上报主机,上升开关按下
                msg_tx.data[1] = 0x04;
                CAN0_SendMsg(&msg_tx);
            }
        }
    }
    else if(g_ATD_Value[AD_WINDOW_LEFT_AND_FRONT] > 100)//下降
    {
        if(s_CommandUpload_Flg != 2)
        {
            _num[0] = 0;
            _num[1] = 0;
            _num[2] = 0;
            _num[4] = 0;
            if(++_num[3] >= DEBOUNCE_COUNT){
                _num[3] = 0;
                s_CommandUpload_Flg = 2;
                msg_tx.data[0] = 0x03;           //上报主机,下降开关按下
                msg_tx.data[1] = 0x02;
                CAN0_SendMsg(&msg_tx);
            }
        }
    }
    else if(g_ATD_Value[AD_WINDOW_LEFT_AND_FRONT] < 80)   //自动降到低
    {
        if(s_CommandUpload_Flg != 5)
        {
            _num[0] = 0;
            _num[1] = 0;
            _num[2] = 0;
            _num[3] = 0;
            if(++_num[4] >= DEBOUNCE_COUNT){
                _num[4] = 0;
                s_CommandUpload_Flg = 5;
                msg_tx.data[0] = 0x03;           //上报主机,下降开关按下
                msg_tx.data[1] = 0x05;
                CAN0_SendMsg(&msg_tx);
            }
```

第一篇/实验四 车身电气控制系统(BCM)实验

4. 闭锁控制实验

1) 实验目的

学习闭锁控制工作原理。

2) 教学设备

汽车电子与汽车总线网络实验系统。

3) 实验原理

中央门锁系统是一种方便的门锁控制系统。它可以让所有的门锁随着驾驶人或者前排乘员的门锁一起动作。许多汽车的中央门锁系统还包括行李舱锁,并且具有许多其他功能,比如,车钥匙未拔出车门就锁不上,或者当汽车行驶后第一次超过预设的速度极限时,中央门锁自动锁紧。

(1) 中央闭锁开关原理。

车内中央闭锁开关在驾驶人一侧,可进行闭锁或解锁操作。左前门电控单元将采集到的车内中央闭锁开关状态通过CAN总线传输给主电控单元,主电控单元再分别给各门电控单元下发对应指令。

如图1-4-28所示,车内中央闭锁开关内部是通过切换不同阻值的电阻来区分对开关的不同操作的。

图1-4-28 中央门锁电路原理图

E39-后电动摇窗机锁止开关(驾驶人控制);E53-左后电动摇窗机开关(驾驶人控制);E81-右前电动摇窗机开关(驾驶人控制);L53-摇窗机开关指示灯;E40-左前电动摇窗机开关(驾驶人控制);E55-右后电动摇窗机开关(驾驶人控制);E150-车内中央闭锁开关(驾驶人控制)

如图1-4-29所示,左前门电控单元内部对车内中央闭锁开关输入信号接入1K上拉电阻R22,进行分压,以便单片机进行AD采集。表1-4-4为车内中央闭锁开关在不同状态下对应的10位AD采集值。

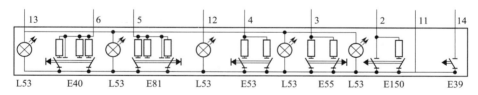

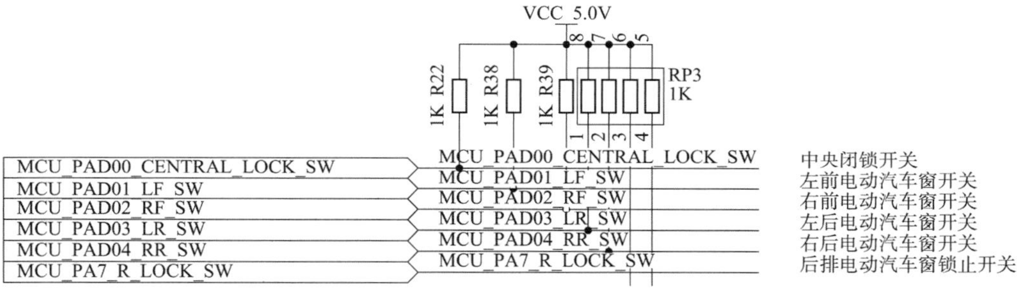

图1-4-29 中控锁管脚图

车内中央闭锁开关在不同状态下对应的 10 位 AD 采集值表　　　表 1-4-4

开关状态	默认	闭锁	解锁
AD 采集值	1023	450	20

（2）闭锁控制和状态检测原理。

驾驶人侧闭锁控制单元包括车锁电动机、车锁状态反馈开关、车门状态反馈开关等。车锁状态反馈开关用于监控车锁是否正常动作，车门状态反馈开关用于监控车门状态（作用：锁车时，若未关车门，则报警，并可选择不执行锁车或执行锁车动作；车辆起步后没关好车门则报警）。

左前门电控单元将采集到的车内中央闭锁开关状态通过 CAN 总线传输给主电控单元，主电控单元再分别给各子电控单元下发对应指令，子电控单元通过 TLE8201 控制电动机一定时间的正反转来实现上锁和解锁。

①驾驶人侧闭锁控制和检测。

如图 1-4-30 所示，F220-1、F221-2 是车锁电动机，F220-8 是车门状态反馈开关，F220-5 是车锁状态反馈开关。

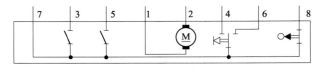

F220 驾驶人侧闭锁控制单元

图 1-4-30　驾驶人侧锁开关图

单片机配置 PA1 为内部上拉，通过单片机读取高低电平的变化即可知道车门开关状态，车门在不同状态下对应的电平值如表 1-4-5 所示。

驾驶人侧车门反馈电平值　　　表 1-4-5

开关状态	开	关
电平值	0	1

单片机配置 PA3 为内部上拉，通过单片机读取高低电平的变化即可知道车锁开关状态，车锁在不同状态下对应的电平值如表 1-4-6 所示。

驾驶人侧车锁反馈电平值　　　表 1-4-6

开关状态	解锁	闭锁
电平值	0	1

②右前闭锁控制和检测。

如图 1-4-31 所示，F221-1、F221-2 是车锁电动机，F221-8 是车门状态反馈开关，F221-5 是车锁状态反馈开关。

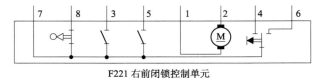

F221 右前闭锁控制单元

图 1-4-31　右前锁开关图

单片机配置 PA1 为内部上拉,通过单片机读取高低电平的变化即可知道车门开关状态,车门在不同状态下对应的电平值如表 1-4-7 所示。

单片机配置 PA3 为内部上拉,通过单片机读取高低电平的变化即可知道车锁开关状态,车锁在不同状态下对应的电平值如表 1-4-8 所示。

右前车门反馈电平值　表 1-4-7

开关状态	开	关
电平值	0	1

右前车锁反馈电平值　表 1-4-8

开关状态	解锁	闭锁
电平值	0	1

③左后闭锁控制和检测。

如图 1-4-32 所示,F222-1,2 是车锁电动机,F222-6 是车门状态反馈开关,F222-3 是车锁状态反馈开关。

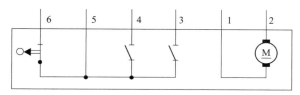

F222 左后闭锁控制单元

图 1-4-32　左后锁开关图

单片机配置 PA1 为内部上拉,通过单片机读取高低电平的变化即可知道车门开关状态,车门在不同状态下对应的电平值如表 1-4-9 所示。

单片机配置 PA3 为内部上拉,通过单片机读取高低电平的变化即可知道车锁开关状态,车锁在不同状态下对应的电平值如表 1-4-10 所示。

左后车门反馈电平值　表 1-4-9

开关状态	开	关
电平值	0	1

左后车门反馈电平值　表 1-4-10

开关状态	解锁	闭锁
电平值	0	1

④右后闭锁控制和检测。

如图 1-4-33 所示,F223-1,2 是车锁电动机,F223-6 是车门状态反馈开关,F223-3 是车锁状态反馈开关。

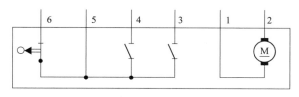

F223 右后闭锁控制单元

图 1-4-33　右后锁开关图

单片机配置 PA1 为内部上拉,单片机读取高低电平的变化即可知道车门开关状态,车门在不同状态下对应的电平值如表 1-4-11 所示。

右后车门反馈电平值　　　　　　　　　　　　　　表 1-4-11

开关状态	开	关
电平值	0	1

单片机配置 PA3 为内部上拉,单片机读取高低电平的变化即可知道车锁开关状态,车锁在不同状态下对应的电平值如表 1-4-12 所示。

右后车门反馈电平值　　　　　　　　　　　　　　表 1-4-12

开关状态	解锁	闭锁
电平值	0	1

(3)无线遥控钥匙。

无线遥控钥匙通过舒适系统中央控制单元采集信号,通过 CAN 总线向各车门发送解/锁车命令。

(4)编程。

①左前电控单元开关信号采集和上报主控。

Controller_LeftAndFront.c 文件下:

void LF_CentralAtresia(void);　//中央门锁状态判断和处理

②主控单元命令解析。

host.c 文件下:

Host_Cmd_Analysis();//数据处理

③左前、右前、左后、右后电控单元命令解析。

slave.c 文件下:

Slave_Cmd_Analysis();//动作执行

4)实验内容

(1)学习中央闭锁开关原理。使用万能表测量开关在不同状态下的电阻阻值和电压。

(2)学习闭锁控制和状态检测原理。使用万能表测量控制和状态检测管脚电压。

(3)学习编程。

5.灯光控制实验

1)实验目的

学习灯光控制工作原理。

2)教学设备

汽车电子与汽车总线网络实验系统。

3)实验原理

灯光控制部分,使用 LED 模拟汽车车灯,转向灯控制单元采集转向灯信号,控制转向灯的闪烁,其他车灯由灯光开关和转向灯开关直接控制,各灯光状态信号由转向灯控制单元采集,通过 CAN 总线发送给仪表进行显示。灯管控制管脚图如图 1-4-34、图 1-4-35 所示。

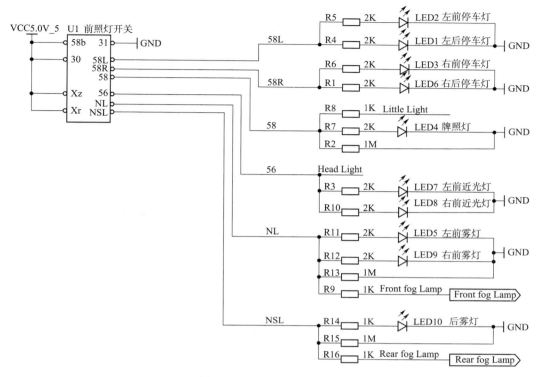

图 1-4-34　灯管控制管脚图 1

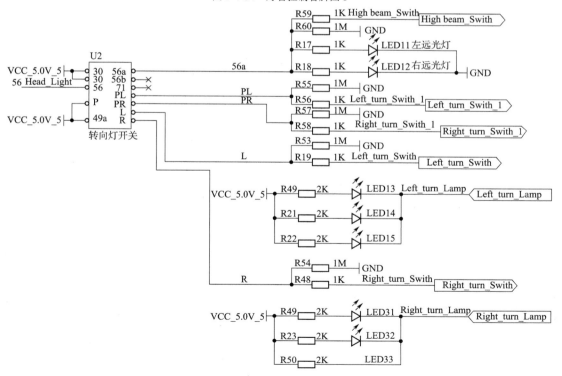

图 1-4-35　灯管控制管脚图 2

4）实验内容

（1）学习灯光开关、转向灯开关原理。

（2）学习转向灯闪烁控制方法。

（3）学习编程。

6. 组合仪表

1）实验目的

学习灯光控制工作原理。

2）教学设备

汽车电子与汽车总线网络实验系统。

3）实验原理

组合仪表负责显示整车状态信息，包括当前车速、转速、水温、燃油油量、灯光状态指示灯、超声波测距和 CAN 信息显示。

组合仪表控制单元采用 STM32F429 芯片，通过 CAN 接收各控制器信息，处理后显示在液晶屏上。组合仪表接收数据协议如表 1-4-13 所示。

组合仪表接收数据协议　　　　　　　　表 1-4-13

ID	Data	含义	其他
0x70 由转向灯控制单元 -> 组合仪表	Byte0	0x80：雾灯灯关 0x40：前雾灯开 0x60：前后雾灯开 0x00：转向灯关 0x04：左转向灯开 0x08：右转向灯开	
	Byte1	0x00：示廓灯关 0x10：示廓灯开	
		0x00：远光灯关 0x04：远光灯开	
0x80 舒适系统中央控制单元 -> 转向灯控制单元	Byte0	固定字节：0x01	
	Byte1	0x01：上锁 0x02：解锁	
0x18FEFF11 发动机 ECU -> 组合仪表	Byte0	Byte0：车速高字节	
	Byte1	Byte1：车速低字节	
	Byte2	Byte0：转速高字节	
	Byte3	Byte1：转速低字节	
	Byte4	Byte0：转速高字节	
	Byte5	Byte1：转速低字节	
	Byte6	Byte0：油量高字节	
	Byte7	Byte1：油量低字节	

续上表

ID	Data	含　义	其　他
0x101 网关 – >组合仪表	Byte0	超声波1	单位:cm,max:255
	Byte1	超声波2	单位:cm,max:255
	Byte2	超声波3	单位:cm,max:255
	Byte3	超声波4	单位:cm,max:255

4）实验内容

了解组合仪表 CAN 消息协议，了解 STM32 液晶屏驱动方法，学习 CAN 消息解析代码。

六、编写实验报告

实验结束后，应对电动机的测试过程进行评价分析，并写出实验报告。实验报告内容主要包括：封面；实验名称；实验目的；实验时间地点；参加人员；实验方法；实验结果数据和图像；结论及分析等。

七、实验评价

完成实验后，由指导教师根据学生在实验操作和撰写实验报告的情况，按照实验项目评分标准（表1-4-14）给予评价。

实验项目评分标准　　　　　表1-4-14

考核项目	评分标准	分值
实验操作		60
安全操作	按照实验要求操作，没有损坏仪器设备或人员受伤	10
规范操作	遵守实验室规章，按照实验操作章程进行操作，没有违规操作	10
文明操作	文明实验，工具、仪器摆放整齐；实验结束后关闭设备，整理实验台	10
实验完成质量	能够准确实现功能；能够设计相应的工程，实现对车身电器系统的控制	30
撰写实验报告		40
实验报告格式	实验报告格式规范、内容完整	10
工程的设计	流程准确，条理清楚，过程讲述清晰，结果验证准确	20
结果分析与心得	能够用所学的专业知识对实验结果进行分析	10
总分		100
奖励项		
创新	对实验方案、分析方法有可行的创新	20

实验五　电动汽车整车控制系统实验

一、实验目的

掌握电动汽车整车控制系统的工作原理、控制目标和控制方式。能够利用编程工具实现某些控制功能。

二、实验原理

通过传感器感知汽车的工作状态并将信号传输给控制器,经过控制器的计算分析后对执行器输出指令,完成对汽车相关性能的控制。

三、实验性质和实验内容

(1)本实验属于设计性实验。

(2)实验内容:电动机和驱动实验;霍尔编码器测速实验;温度测量;CAN 通信;整车控制实验;CCP(CAN Calibration Protocol,基于总线应用层协议)标定实验。

四、主要实验仪器设备型号和规格

PMBX-EV-VCU 型新能源整车控制研发实验箱(图1-5-1)。该实验箱硬件资源丰富,布局清晰明了,利用该实验箱的硬件资源可熟悉和掌握电动汽车整车控制器的基础知识;该实验箱配备电子元器件工作环境、激励和信号测试点辅助系统,可充分展示电动汽车控制器系统的工作过程。

下面简单介绍模块功能:

电源电路:核心控制单元采用 12V 直流电源。

LED 灯:8 个由单片机 I/O 控制的发光二极管。

蜂鸣器:该模块使用一个蜂鸣器作为发声器件。

继电器:该模块使用一个 12V 继电器。

RS232:本开发平台有两路 RS232。一路用来和状态显示屏通信;另外一路由端子引出,可调试单片机的串口。

FRAM:该模块使用 FM25040A 芯片,该芯片为 FRAM 铁电存储器,用户可调试 SPI (Serial Peripheral Interface,串行外设接口)通信,熟悉单片机的 SPI 功能。

EEPROM:该模块使用 24C02 芯片,该芯片为 EEPROM(Electrically Erasable Programmable Read-Only Memory,带电可擦可编程只读存储器)。用户可调试 IIC(Inter-Integrated Circuit,集成电路总线)通信,熟悉单片机的 IIC 功能。

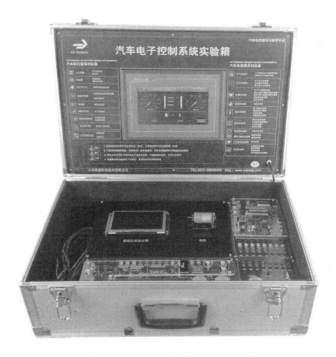

图 1-5-1　新能源整车控制研发实验箱

CAN 总线：该模块使用 TJA1050 芯片，核心控制单元有一路 CAN 接口，用户可调试单片机内部的 CAN 模块和 CAN 总线通信。

RS485 总线：该模块使用 SP3485 芯片，核心控制单元有一路 RS485 接口，用户可以调试 RS485 总线通信。

LIN 总线：该模块使用 TJA1020 芯片，核心控制单元有一路 LIN 接口，用户可以调试 LIN 总线通信。

数码管模块：可调试数码管的扫描程序，可显示数字。

温度传感器：本开发平台使用 18B20 芯片测量温度。

液晶：预留 LCD12864、LCD1602 液晶接口。

实时时钟：使用 STM32 内置时钟。

STM32F103 最小系统：包括晶振电路、调试接口和复位按键。

1）虚拟仪表（图 1-5-2）

虚拟仪表通过 CAN 将控制器采集的各种数据显示在 LCD 显示器上。

2）通信接口（图 1-5-3）

CAN 收发器采用 TJA1050T/CM 芯片，工作电压为 4.75～5.25V，兼容 ISO 11898 标准，至少可以连接 110 个节点，具有热保护功能，输入电平兼容 3.3V 设备，不兼容 5.0V 设备。

3）手动控制区

换挡信号采集电路主要是通过开关模拟换挡操作信号，并将信号传输到相应的单片机管脚，进行信号采集，如图 1-5-4 所示。

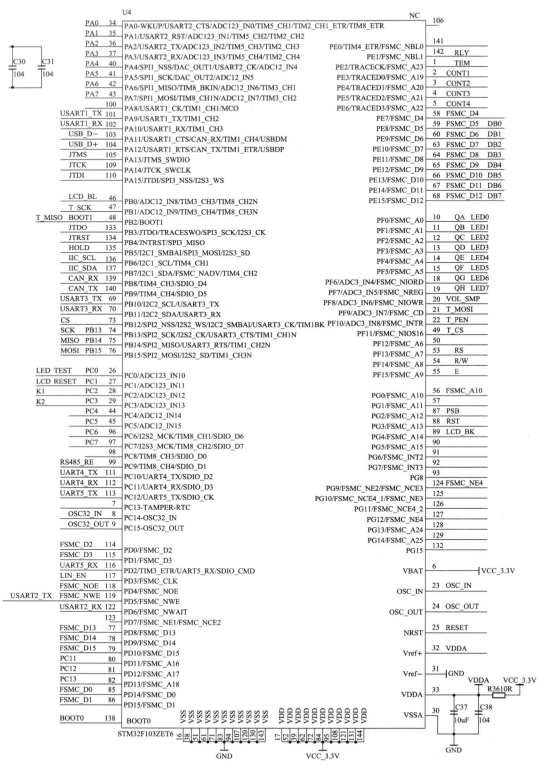

图 1-5-2 虚拟仪表管脚图

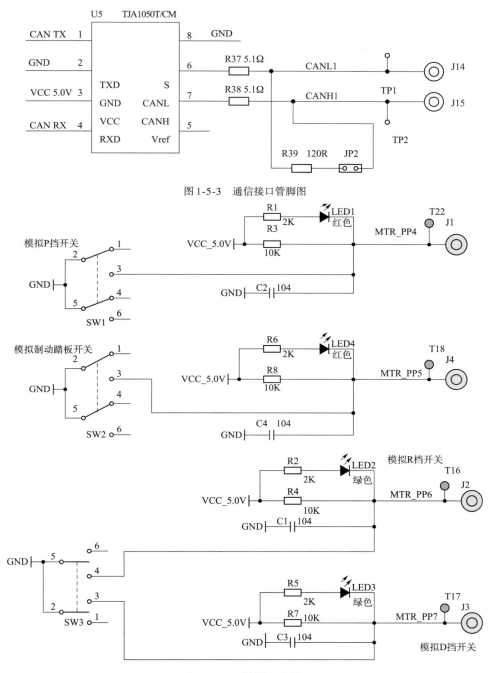

图 1-5-3　通信接口管脚图

图 1-5-4　虚拟信号电路

4）电动机驱动和电流采样电路（图 1-5-5）

电动机驱动采用 L298N 专用驱动集成电路,该电路属于 H 桥集成电路。其中,1 脚和 15 脚接入电流采样电路;5 脚和 7 脚引入电动机驱动信号,可以控制电动机的正反转;6 脚和 11 脚接控制使能端,控制电动机的转和停;2 脚和 3 脚直接接电动机的正负端。J11-2 和 J11-5 接入 5V 和 GND,给电动机后面的霍尔编码器供电,然后通过 J11-3、J11-4 发射脉冲信号。

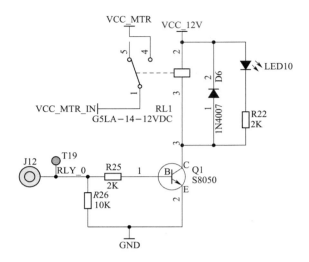
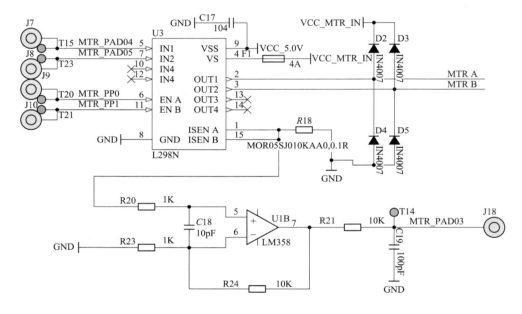
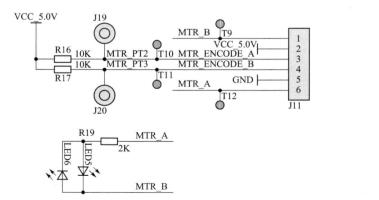

图 1-5-5　电动机驱动及电流检测电路

5) 直流母线电压调节

母线电压调节模块包含在电动机电源电路模块内部,其采用 LM2596-ADJ 电源稳压模块。母线电压调节模块根据 LM2596-ADJ 标准电路以及输出公式 $VCC\_MTR = V_{T6}(R12/(R11+W2))$,得出 T7 的输出电压,然后经过电压跟随电路,输出到 J17。电动机驱动及电流检测电路如图 1-5-6 所示。

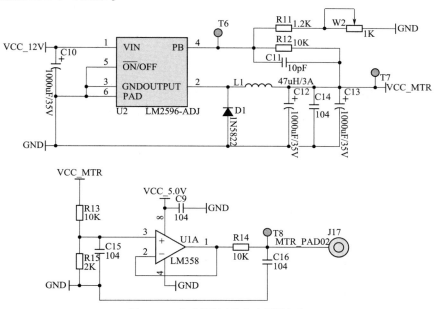

图 1-5-6　电动机驱动及电流检测电路

6) 加速踏板采样(图 1-5-7)

使用一个电位器 W1 模拟加速踏板位置传感器,然后将电压信号输出到 J6。

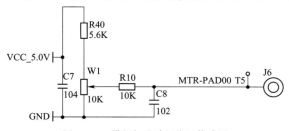

图 1-5-7　模拟加速踏板位置传感器

7) 电动机温度(图 1-5-8)

使用一个热敏电阻模拟电动机的温度传感器,与 R9 形成串联电路,J5 采集 RT 的电压并输出到端口。

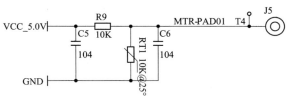

图 1-5-8　模拟电动机温度传感器

五、实验项目操作

1. 电动机和驱动

1）实验目的

了解直流电动机控制方式,了解 H 桥,学习 PWM 控制直流电动机。

2）教学设备

电动汽车整车控制器开发实验箱(PM/BX-ELC),安装 Windows XP 以上操作系统的计算机,ST-LINK 下载器。

3）实验原理

H 桥是一个典型的直流电动机控制电路,因为它的电路形状酷似字母 H,故得名与"H 桥"。4 个三极管组成 H 的 4 条垂直腿,而电动机就是 H 中的横杠。H 桥原理图如图 1-5-9 所示。

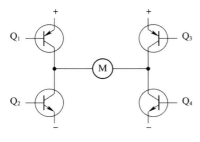

图 1-5-9　H 桥控制电路

由图 1-5-9 可知,要使电动机运转,必须使对角线上的一对三极管导通。当 Q1 管和 Q4 管导通时,电流就从电源正极经 Q1 从左至右穿过电动机,然后再经 Q4 回到电源负极。该流向的电流将驱动电动机顺时针转动。当三极管 Q1 和 Q4 导通时,电流将从左至右流过电动机,从而驱动电动机按特定方向转动(顺时针方向);三极管 Q2 和 Q3 导通时,电流将从右至左流过电动机,从而驱动电动机沿另一方向转动。

1 脚和 15 脚接入电流采样电路,5 脚和 7 脚引入电动机驱动信号,可以控制电动机的正反转,6 脚和 11 脚接控制使能端,控制电动机的转和停,2 脚和 3 脚直接接电动机的正负。J11-2 和 J11-5 接入的 5V 和 GND 是给电动机后面的霍尔编码器供电,然后通过 J11-3、J11-4 发射脉冲信号。

4）实验内容

阅读 L298N 芯片手册,在电动机处于不同的运转状态下,测量芯片相应管脚的电压。信号管脚(正转信号 J7、J8,反转信号 J7、J8,停止信号 J9、J10)可以通过图 1-5-5 查到并填入表 1-5-1 中。

电动机控制器信号　　　　　　　　　　　表 1-5-1

信号管脚	正转	反转	停止	信号管脚	正转	反转	停止
J7				J9			
J8				J10			

2. 霍尔编码器测速实验

1）实验目的

了解霍尔编码器(图 1-5-10),学习编码器的测速使用。

2）教学设备

电动汽车整车控制器开发实验箱(PM/BX-ELC),安装 Windows XP 以上操作系统的计算机,ST-LINK 下载器。

3）实验原理

增量式输出的霍尔编码器,有 A、B 两相输出,不仅可以测速还可以辨别方向。电动机转动时可通过 A、B 相输出方波信号。

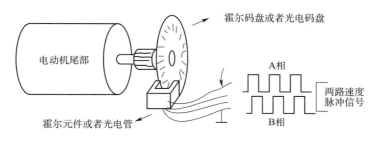

图 1-5-10　霍尔编码器

图 1-5-11 所示为双通道霍尔编码器,这种编码器分为 A、B 相,内部有 2 对光电耦合器,能够输出相位差为 90 度的两组独立脉冲序列。正转和反转时两路脉冲超前、滞后关系刚好相反。

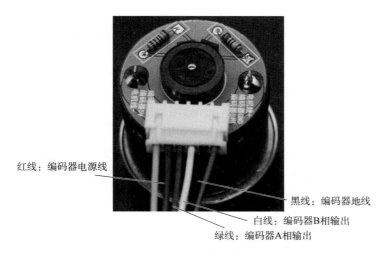

图 1-5-11　双通道霍尔编码器

编码器的信号输出：信号输出有正弦波（电流或电压）,方波（TTL、HTL）,集电极开路（PNP、NPN）,推拉式多种形式,其中 TTL 为长线差分驱动（对称 A,A－;B,B－）,HTL 也称推拉式、推挽式输出。编码器的信号接收设备接口应与编码器相对应。实验使用的是双通道霍尔编码器,采用方波 TTL 形式,A、B 两相连接法,用于正反向计数、判断正反向和测速。

4）实验内容

（1）阅读编码器资料,了解编码器优缺点。

（2）修改"整车控制器"程序,多加 2 根线进行测速实验。

（3）与屏幕上的速度进行对比,查看是否正确。

5）思考题

如何提高编码器的精度？

3. 温度测量

1）实验目的

了解热敏电阻，通过测量电压来测定电阻值，并通过查表获取温度值。

2）教学设备

电动汽车整车控制器开发实验箱（PM/BX-ELC），安装 Windows XP 以上操作系统的计算机，ST-LINK 下载器，万用表。

3）实验原理

RT 电阻测量电路如图 1-5-12 所示，其中 MTR_PAD01 是检测的 RT 的电压。

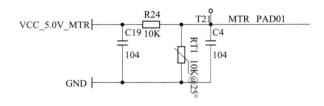

图 1-5-12　RT 电阻测量电路

4）实验内容

学习热敏电阻基本知识，通过查表法获取温度值。（阻值表见附录三）

4. CAN 通信

1）实验目的

初步认识 CAN 通信物理层协议，使用示波器测量 CAN1 的波形。尝试根据波形写出总线上的数据，解析出波特率、帧类型、帧头、帧尾。

2）教学设备

电动汽车整车控制器开发实验箱（PM/BX-ELC），安装 Windows XP 以上操作系统的计算机，ST-LINK 下载器，示波器。

3）实验内容

（1）了解 CAN 的物理层特征；

（2）了解 CAN 帧格式（图 1-5-13）；

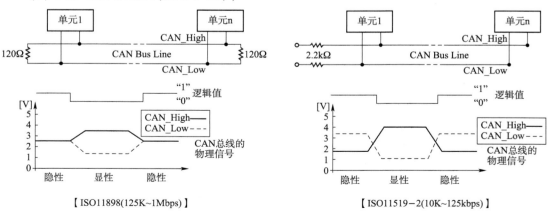

图 1-5-13　CAN 帧格式

(3) 使用示波器测量 CAN1 的波形(图 1-5-14),尝试根据波形写出总线上的数据。

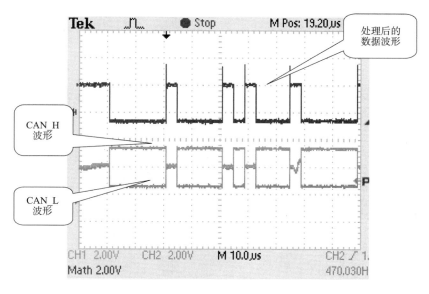

图 1-5-14　CAN 数据波形

5. 整车控制实验

1) 实验目的

熟悉整车控制器原理,独立手动连接电路,学习 PID 算法。

2) 教学设备

电动汽车整车控制器开发实验箱(PM/BX-ELC),安装 Windows XP 以上操作系统的计算机,ST-LINK 下载器。

3) 实验原理

PID 是比例、积分、微分的英文单词的首字母的简称。

P:Proportion(比例),就是输入偏差乘以一个常数。

I:Integral(积分),就是对输入偏差进行积分运算。

D:Derivative(微分),对输入偏差进行微分运算。

输入偏差 = 读出的被控制对象的值 − 设定值。比如说要把温度控制在 30 度,但是现在从温度传感器上读出温度为 28℃。"设定值"就是 30℃,"读出的被控制对象的值"就是 28℃,误差量就是 2℃。PID 算法就是寻求最优解,根据误差量来对电动机功率进行控制,采用最优方案达到控制目标。

4) 实验内容

(1) 熟悉 PID 算法原理;熟悉 PID 算法。

(2) 下载并启动"整车控制器"程序。

(3) 阅读原理图,连接驱动板和核心板。

(4) 打开实验箱电源,将点火开关旋到"ON"位置。

(5) 旋转加速旋钮,观察电动机转速。

(6) 了解 PID 算法的控制效果,电压对于 PID 的影响以及返回标定值需要的时间等。

(7)绘制电压对 PID 转速影响的曲线图。

6. CCP 标定实验

1)实验目的

熟悉 CCP 标定原理,学会用标定软件进行标定。

2)教学设备

整车控制器开发实验箱(PM/BX-ELC),安装 Windows XP 以上操作系统的计算机,USB-CAN 分析仪。

3)实验原理

标定的过程:标定就是通信协议和标准的设定和对接的过程(图 1-5-15)。整车标定如图 1-5-16 所示。

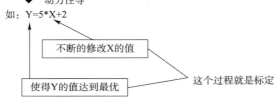

图 1-5-15 标定概念

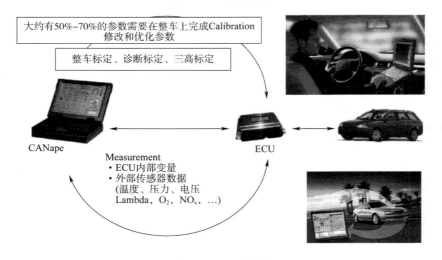

图 1-5-16 整车标定

CCP(CAN Calibration Protocol,基于总线应用层协议)其结构如图 1-5-17 所示,标定计算机通过 CAN 总线给各 ECU 进行协议标定,然后可以通过 CAN 协议进行通信。

CCP 的报文有两个:CRO(Command Receive Object)信号接收模块负责接收从主机发出来的指令;DOT(Data Transmit Object)数据转换模块负责将 ECU 传送过来的数据按照协议

进行转换。如图 1-5-18 所示。

- CCP：CAN Calibration Protocol 是基于 CAN 总线应用层协议。

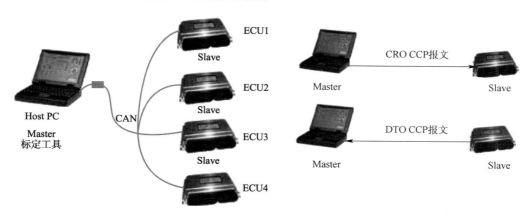

图 1-5-17　CCP 协议拓扑结构　　　　　　　图 1-5-18　CCP 报文

4）实验内容

使用配套软件标定核心板参数，详细使用方法见《CCP 标定软件使用手册》（见《动力蓄电池实验上位机指导书》）。CCP 界面如图 1-5-19 所示。

（1）根据观测变量"加速踏板电压值"，标定加速踏板最大值、加速踏板最小值。

（2）修改电动机 PID 三个参数，观察电动机响应变化，并尝试重新调节 PID 参数到合适的值。

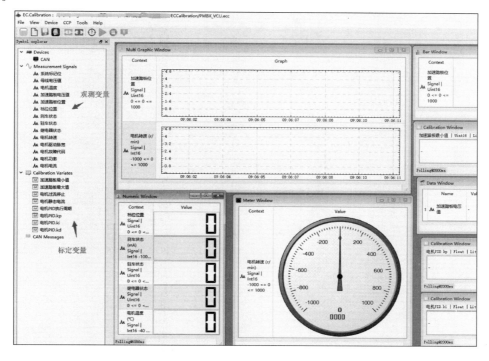

图 1-5-19　CCP 界面

六、编写实验报告

实验结束后,应对数字式仪表盘的工作过程和开发过程进行评价分析,并写出实验报告。实验报告内容主要包括:封面;实验名称;实验目的;实验时间地点;参加人员;实验方法;工程开发过程;结论及分析等。

七、实验评价

完成实验后,由指导教师根据学生在实验操作和撰写实验报告的情况,按照实验项目评分标准(表1-5-2)给予评价。

实验项目评分标准　　　　　　　　　表1-5-2

考核项目	评分标准	分值
实验操作		60
安全操作	按照实验要求操作,没有损坏仪器设备或人员受伤	10
规范操作	遵守实验室规章,按照实验操作章程进行操作,没有违规操作	10
文明操作	文明实验,工具、仪器摆放整齐;实验结束后关闭设备,整理实验台	10
实验完成质量	能够准确实现控制功能;能够设计相应的程序,实现在试验台的控制	30
撰写实验报告		40
实验报告格式	实验报告格式规范、内容完整	10
工程的设计	流程准确,条理清楚,过程讲述清晰,结果验证准确	20
结果分析与心得	能够用所学的专业知识对实验结果进行分析	10
总分		100
奖励项		
创新	对实验方案、分析方法有可行的创新	20

实验六　电动汽车数字式仪表盘实验

一、实验目的

掌握电动汽车数字式仪表盘的工作原理,学会利用汽车数字式仪表盘实验箱进行仪表的内部显示解读;学会使用软件对数字式仪表盘进行设计。

二、实验原理

电动汽车数字仪表实验台是在触摸液晶屏基础上开发的一套支持汽车液晶仪表开发的实验平台,该实验台模拟了车辆上的通信模式,采用自主开发的控制器作为 VCU 与液晶仪表通信,而仪表信号源采用了上位机的模式,简化信号输入源。实验台提供安装有开发环境的计算机和无线键盘鼠标,用户可以在此实验台上进行液晶仪表的开发与验证。

三、实验性质和实验内容

(1)本实验属于设计性实验。

(2)实验内容:通过上位机进行仪表盘动作控制;通过设计工程,实现在显示屏中显示某种图形。

四、主要实验仪器设备型号和规格

电动汽车数字仪表实验台如图 1-6-1 所示。

该实验台分为四个功能模块,下面简单介绍模块功能:

(1)电源模块(图 1-6-2):为其他模块提供 12V、5V 和 3.3V 电源。

图 1-6-1　电动汽车数字仪表实验台

图 1-6-2　实验台电源模块

(2) VCU 功能模块(图 1-6-3):此模块使用车规级飞思卡尔芯片开发的控制板模拟车辆 VCU 功能,负责与液晶仪表进行通信。

(3) 液晶仪表模块(图 1-6-4):此模块以 12.3 寸触摸液晶屏幕为基础,将相关通信数据口引出,可支持开发的仪表程序进行更新,并可使用上位机程序进行测试。

图 1-6-3 实验台 VCU 模块

图 1-6-4 实验台液晶仪表模块

(4) 开发平台模块(图 1-6-5):此模块为一台微型计算机,配备有无线键盘鼠标,安装有仪表开发环境和仪表上位机软件,可以支持液晶仪表的开发。

1. 实验箱基本操作

(1) 连接实验箱电源线,并打开电源开关,如图 1-6-6 所示。

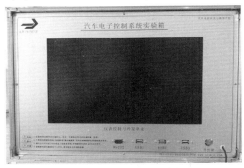

图 1-6-5 实验台开发平台模块

图 1-6-6 实验台电源开关

(2) 使用 DB9 数据线连接开发平台模块 RS232 和 VCU 功能模块中的第一个 RS232 通信口,如图 1-6-7 所示,然后按下开机键将开发模块中的计算机、无线键盘鼠标开机。

图 1-6-7 实验台通信连接

(3) 打开计算机中的组合实验箱软件。
(4) 打开实验箱电源板开关,点亮触控液晶仪表。

2. 上位机操作

上位机调试助手按钮松开和按下的状态如图 1-6-8、图 1-6-9 所示。

图 1-6-8　上位机调试助手松开按钮状态

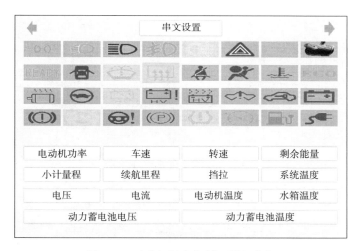

图 1-6-9　上位机调试助手按下按钮状态

点击上位机软件串口设置后弹出的界面如图 1-6-10 所示,其中串口需要根据计算机安装串口驱动后显示的端口进行选择,也可以点击"SCAN PORT"进行可用端口扫描;波特率默认为 19200;数据位为 8;校验位为 0;停止位为 1 位。设置好后,点击"OPEN PORT"打开串口,点击"SEND DATA"开始发送数据。

在指示图标下方的按钮中,可以设置不同类型的数据,点击挡位按钮后弹出的窗口如图 1-6-11 所示,窗口中显示 P、R、N、D 四个挡位,选择后点击"确认"即可。

点击车速设置按钮后弹出的对话框如图 1-6-12 所示,可以拖动进度条,设置一个车速值,点击"确认",计算机端软件将数据发送到下位机,下位机传送到触控液晶仪表进行显示。

图 1-6-10　上位机软件串口设置

图 1-6-11　上位机挡位设置

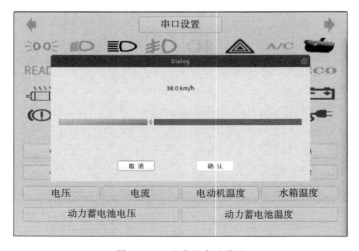

图 1-6-12　上位机车速设置

动力蓄电池电压和温度的模拟设置界面如图 1-6-13 所示，界面设计有几种不同情况对应的数值，也可以完全手工填入，点击"发送"后，将设置的数据发送出去，由下位机分析判断动力蓄电池的状态，从而控制相应的动作执行，如有故障，仪表对应的指示灯会点亮并出现故障码。

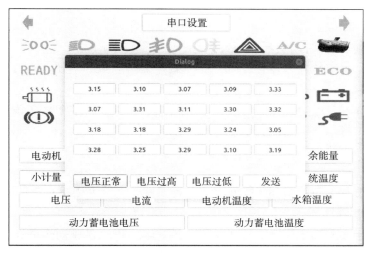

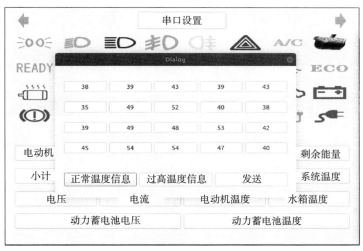

图 1-6-13　上位机电压、温度设置

五、实验项目操作

触控式液晶仪表程序采用了组态软件进行开发，选用的是国产芯宸组态软件。芯宸组态软件是 Sinc 人机界面上位机开发的配套组态软件，它通过对现场数据的采集处理，以动画显示、报警处理、流程控制、实时曲线、历史曲线和报表输出等多种方式向用户提供解决实际工程问题的方案，将以往的组态软件和人机界面的功能集成在一起，比以往普通的触摸屏的功能更强大，在自动化领域有着更广泛的应用。结合一个工程实例，对芯宸组态软件的组态过程、操作方法和实现功能等环节，进行全面的讲解，帮助同学们在短时间内对芯宸组态软件的内容、工作方法和操作步骤有一个总体的认识。

制作一个工程的一般过程是：

(1) 新建空白工程；

(2) 构造数据库，增加实时数据；

(3) 配置现场设备；

(4) 设计图形界面；

(5) 设置画面动态属性，实现动画效果；

(6) 工程编译并离线模拟运行；

(7) 工程下载。

需要说明的是，上述步骤并不是完全独立的，事实上，它们常常是交错进行的。在用软件画面开发系统编制工程时，要依照此过程考虑3个方面的内容：

(1) 用户希望怎样的图形画面？也就是怎样用抽象的图形画面来模拟实际的工业现场和相应的工控设备。

(2) 数据怎样用变量来描述工控对象的各种属性？也就是创建一个具体的数据库，此数据库中的变量反映了工控对象的各种属性，比如温度，压力等。

(3) 数据和图形画面中的图素的连接关系是什么？也就是画面上的图素以怎样的动画来模拟现场设备的运行，以及怎样让操作者输入控制设备的指令。

在这里我们将演示一个简单工程的制作过程。

1) 新建空白工程

(1) 软件安装好之后，在"开始"菜单里选择"芯宸工业控制软件工程"，打开芯宸工业控制软件开发环境软件，如图1-6-14所示。

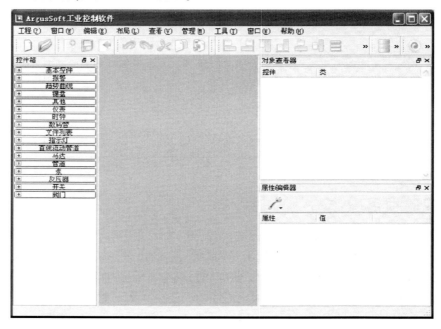

图1-6-14　开发环境界面

（2）选择"工程"菜单的"新建工程"子菜单,如图 1-6-15 所示。

图 1-6-15　工程菜单

弹出如图 1-6-16 所示的工程属性对话框。

工程名:在工程名文本框中输入工程的名称,该工程名称同时将被作为当前工程的路径名称。

工程描述:在工程描述文本框中输入对该工程的描述文字。

人机界面型号:选择人机界面型号,软件提供有多种型号的人机界面,本产品使用的是 NUC972-EVM,开发人员根据需要可选择相应型号的人机界面。

图 1-6-16　工程属性对话框

工程路径:通过单击"▢"按钮,在弹出的路径选择对话框中选择一个有效的路径。

默认 IP 地址:提供给用户的人机界面的默认 IP 地址,开发人员输入默认 IP 地址后,在以后的工程下载中就不需要再次输入下载的 IP 地址。由于本产品没有使用网络进行更新,因此此处默认即可。

工程密码:用户可以为工程设置工程密码,这样在上传工程时,系统会要求用户输入密码,只有输入的密码与用户设置的工程密码一致时,才允许上传。

再次输入密码:用户在"工程密码"输入框中输入密码后,需要在"再次输入密码"框中再次输入密码,如果两次密码输入不一致,系统会提示密码错误,用户需重新输入密码。

显示模式:人机界面支持"横向"和"纵向"两种显示模式。

人机界面保存路径:用户可以将工程下载到"内部 flash"或"外部存储卡"上。

新工程信息输入完毕后,点击"确定",新工程建立完毕。

（3）选择"工程"菜单下的"保存工程"子菜单,保存工程。

2）增加实时数据

（1）选择"管理"菜单下的"实时数据库管理"子菜单,如图 1-6-17 所示。

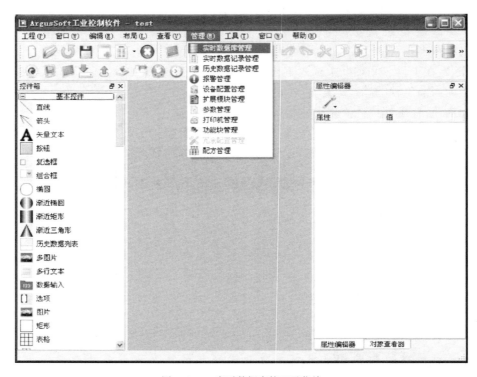

图1-6-17 实时数据库管理子菜单

弹出如图1-6-18所示"实时数据库管理"窗口。

图1-6-18 实时数据库管理窗口

(2)选中左侧窗口的"实时数据库"后,点击鼠标右键,在弹出的菜单中选择"新建数据库",如图1-6-19所示。

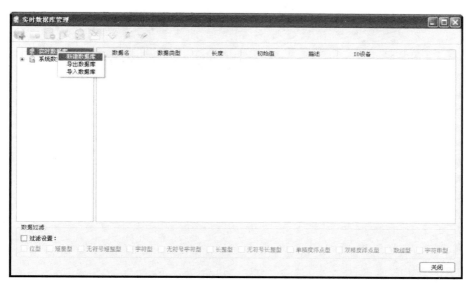

图 1-6-19　新建数据库

如图 1-6-20 所示,在弹出的对话框中,设置数据库名:test。可以勾选"多机通信时同步该数据库",也可以不勾选。

(3)选择新建的数据库"test",在右侧的列表窗口中点击鼠标右键,在弹出菜单中选择"新增数据",如图 1-6-21 所示。

在右侧列表窗口显示如图 1-6-22 所示内容。

图 1-6-20　配置数据库

图 1-6-21　实时数据库新增数据

电动汽车实验实训指导书

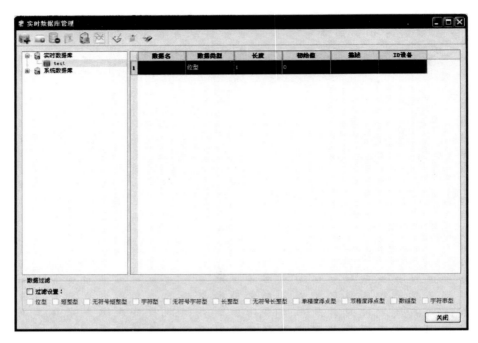

图 1-6-22　实时数据库新增数据窗口

设置数据名:data;选择数据类型:位型;设置数据长度:1(对位型数据表示位数,范围是 1~8,表示 1 位到 8 位二进制数据;对其他类型数据表示字节数);初始值:0,如图 1-6-23 所示。

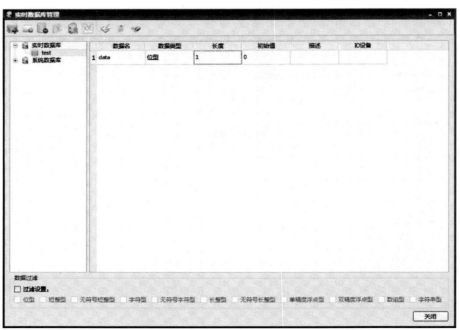

图 1-6-23　设置实时数据库数据属性

(4)再新增两个数据,如图 1-6-24 所示。

①数据名:data2;数据类型:长整型;长度:4;初始值:100。
②数据名:IO_data1;数据类型:位型;长度:1;初始值:0。

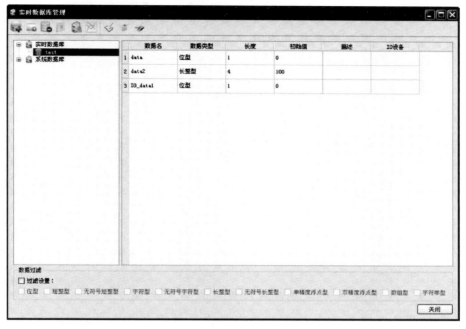

图 1-6-24　新增 2 个数据

3）配置现场设备

此处以西门子 S7-200 系列的 PLC 为例,来说明如何配置现场设备。

(1) 新建串口通信链路。

选择"管理"菜单下的"设备配置管理"子菜单,如图 1-6-25 所示。

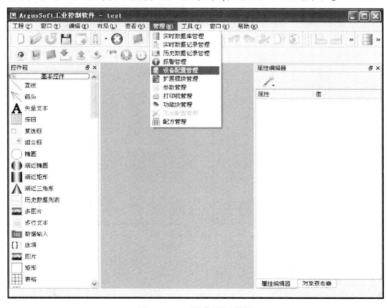

图 1-6-25　设备配置管理

弹出"设备管理"窗口,选中左侧窗口的"设备管理",点击鼠标右键,弹出如图1-6-26所示菜单。

图1-6-26 新增链路

选择"串行",弹出如图1-6-27所示对话框。

单击"基本链路信息"标签页,设置链路名称、扫描周期、超时时间,单击"串行通信端口信息"标签页,设置串口通信参数:

设备名:COM2;波特率:9600;数据位:8位;停止位:1位;校验类型:偶校验,如图1-6-28所示。

图1-6-27 串行链路配置窗口 　　　　图1-6-28 串口通信端口配置

设置后单击"确认"保存。

(2)新建I/O设备

在左侧窗口点击刚建立的链路"linkl",点击鼠标右键,弹出如图1-6-29所示菜单。

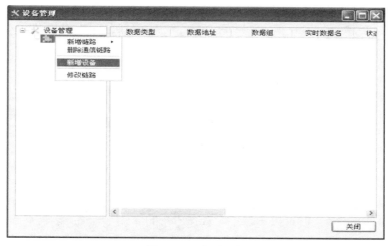

图 1-6-29 新增设备

选择"新增设备",弹出如图 1-6-30 所示对话框。

设置设备名称:siemens_PLC;设备地址:2;设备驱动名:西门子 S7200 系列 PLC。

(3)新增数据

在左侧窗口点击刚修改的设备 siemens_PLC,在右侧列表框中点击鼠标右键,在弹出菜单中选择"新增数据",右侧列表窗口则会显示如图 1-6-31 所示内容。

如图 1-6-32 所示,新增一个设备数据:

数据类型:Q;数据地址:0.0;数据组:0;实时数据名:test.IO_data1;存取方式:画面自动存取。

图 1-6-30 设备信息配置

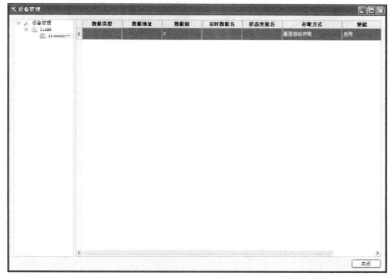

图 1-6-31 新增设备数据

这样就在 PLC 的开关量输出寄存器 Q0.0 和实时数据库中的变量 test.IO_data1 之间建立了映射关系,当 Q0.0 的值变化时就会反映到 test.IO_data1 上,同样当修改 test.IO_data1 时,也会改变 Q0.0 的状态。

设置设备数据后点击"关闭"。

图 1-6-32　新增设备数据属性设置

4) 创建组态画面

进入画面开发系统后,就可以为每个工程建立数目不限的画面,在每个画面上生成互相关联的静态或动态图形对象。这些画面都是由"画面编辑器"提供的类型丰富的图形对象组成的。系统为用户提供了组态画面控件和 Windows 风格控件,组态画面控件包括矩形(渐进矩形)、直线、椭圆(圆)、点位图、文本等基本图形对象,以及按钮、趋势曲线窗口、报警窗口等复杂的图形对象;Windows 风格控件包括复选框、历史列表以及下拉框等控件。提供了对图形对象在窗口内任意移动、缩放、改变形状、复制、删除、对齐等编辑操作,全面支持键盘、鼠标绘图,并可提供对图形对象的颜色、线型、填充属性进行改变的操作工具。

"画面编辑器"采用面向对象的编程技术,使用户可以方便地建立画面的图形界面。用户构图时可以像搭积木那样利用系统提供的图形对象完成画面的生成。同时支持画面之间的图形对象拷贝,可重复使用以前的开发结果。

(1) 选择"窗口"菜单下的"新窗口"子菜单,如图 1-6-33 所示。

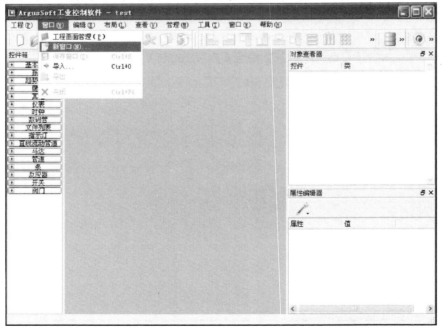

图 1-6-33　打开新窗口

弹出如图1-6-34所示"新窗口"对话框。

在"新窗口"对话框中设置其名称为"test",标题为"测试画面",文件名为"testwnd",选中"程序启动时显示"选项框。点击"确定",创建画面如图1-6-35所示。

(2)在图1-6-35窗口左侧的控件箱里面,点击"基本控件"前面的"+",展开"基本控件",选择里面"文本显示"控件: T 文本显示,拖动到编辑窗口上建立一个文本图形元素(又称文本图元,其初始文本系统设置为"text")。

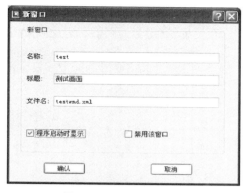

图1-6-34 新窗口对话框

(3)选中该文本图元,在屏幕右侧的属性列表中设置文本属性,如颜色、文本内容、字体等,如改文本内容为"0"。

(4)同样的方法,选择"基本控件"下面的"渐进椭圆"控件: ◐ 渐近椭圆,建立一个渐进椭圆图元。

(5)选择"基本控件"下面的"数据输入"控件: 123 数据输入,建立一个数据输入图元。

(6)选择"窗口"菜单下的"保存窗口",保存现有画面,创建好的画面如图1-6-36所示。

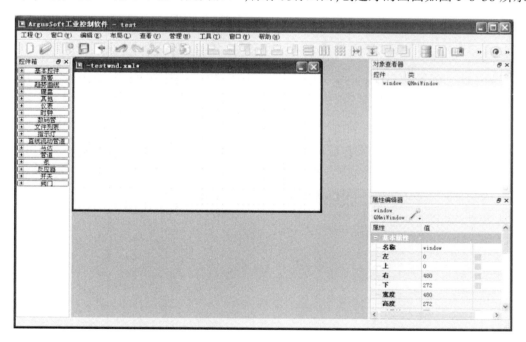

图1-6-35 创建画面

5)设置画面动态属性

定义动画连接是指在画面的图形对象与数据库的数据变量之间建立一种关系,当变量的值改变时,在画面上以图形对象的动画效果表示出来;或者由软件开发人员通过设置图形对象的属性改变数据变量的值。芯宸画面编辑器提供了多种动画连接方式:属性变化、线属性变化、填充属性变化、文本色变化、位置与大小变化、填充、缩放、水平移动、垂直移动、值输出、开关量、模拟量、自定义表达式、特殊、闪烁、可见性、命令语言、按下时、释放时。

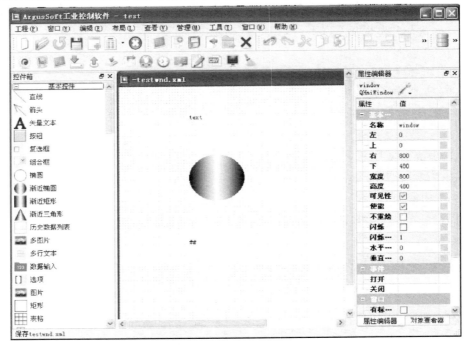

图1-6-36 创建好的画面

一个图形对象可以同时定义多个连接,组合成复杂的效果,以满足实际中任意的动画显示需要。

(1)选中之前建立的文本图元,在屏幕右侧的属性列表中点击"文本"属性最右侧的小矩形按钮 ,弹出动态属性设置窗口,单击"变量"按钮,在"实时数据库管理"对话框中选择对应的变量,如图1-6-37所示。

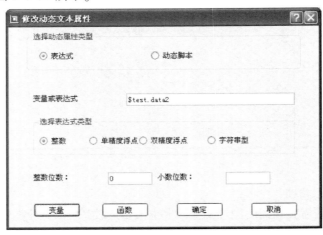

a)
图 1-6-37

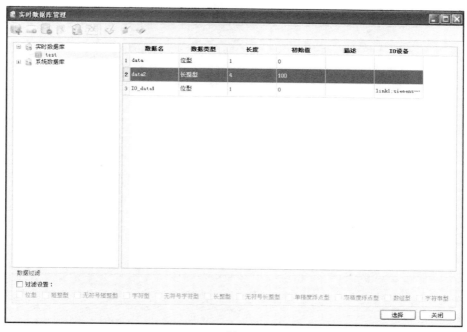

b)

图 1-6-37　设置属性和变量

单击"确定"保存。

(2) 选中之前建立的椭圆图元,在屏幕右侧的属性列表中点击"起始颜色"属性最右侧的小按钮,弹出动态颜色属性设置窗口,动态属性类型选择"开关量",在开关量设置中分别设置开、关时的颜色,单击"变量"选择开关变量,如图 1-6-38 所示。

a)

图　1-6-38

b)

图 1-6-38 设置颜色属性

(3)选中之前建立的椭圆图元,在屏幕右侧的属性列表中点击"按下时"事件编辑框,弹出事件编辑窗口,输入事件代码:$test.data =！$test.data(注意:按 C 语言语法,行尾要加分号),点击"确定"按钮,如图 1-6-39 所示。

图 1-6-39 编辑事件

（4）选中之前建立的数据输入图元,在屏幕右侧的属性列表中点击"变量名"属性编辑框,在"实时数据库管理"对话框中选择对应的变量 test. IO_data1,如图 1-6-40 所示。

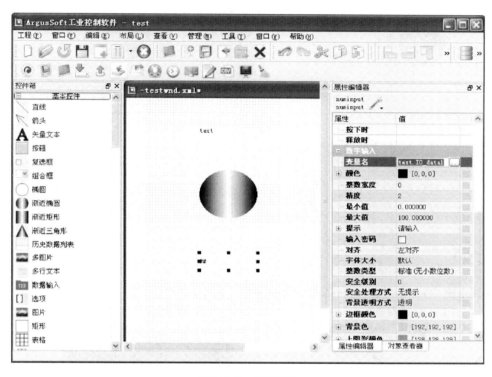

图 1-6-40　选择变量

（5）点击"窗口"菜单的"保存窗口"子菜单,保存该事件代码。

6）工程编译模拟运行

（1）选择"工程"菜单的"保存工程"子菜单,保存当前工程。

（2）选择"工具"菜单的"编译工程"子菜单,如图 1-6-41 所示,选择"编译"按钮。

（3）编译完成后点击"关闭"按钮。

（4）选择"工具"菜单的"离线仿真"子菜单,即可显示组态画面,如图 1-6-42 所示。画面上文本显示 data2 数据值:100。单击画面上的椭圆图元,可观察其颜色的变化。点击"数据输入"框,输入数据 0 或者 1,会看到 PLC 的开关量输出寄存器 Q0.0 会随着输入值的不同断开或闭合。

图 1-6-41　编译工程

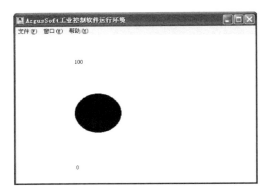 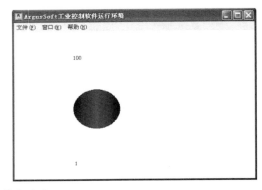

图 1-6-42　仿真画面

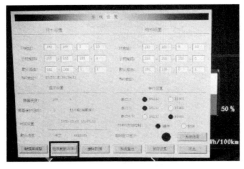

图 1-6-43　更新仪表

7）工程下载

触控液晶仪表的更新方法为按顺序依次点击仪表左上角、右上角和左下角，出现如图 1-6-43 所示的界面后，点击"程序更新"。

然后在弹出界面中选择"确定"，进入下一步，如图 1-6-44 所示。

在选择工程文件后，点击"开始更新"后等待更新完成即可，如图 1-6-45 所示。

图 1-6-46 所示为液晶仪表更新过程。

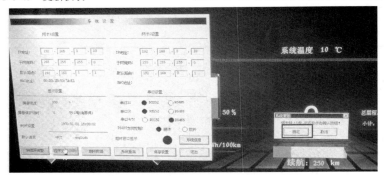

图 1-6-44　更新提示

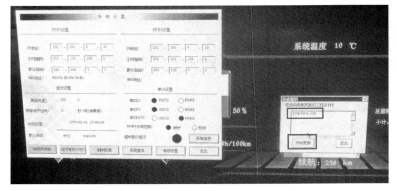

图 1-6-45　选择工程文件并开始更新

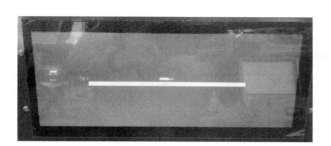

图 1-6-46 仪表更新进度条

六、编写实验报告

实验结束后,应对数字式仪表盘的工作过程和开发过程进行评价分析,并写出实验报告。实验报告内容主要包括:封面;实验名称;实验目的;实验时间地点;参加人员;实验方法;工程开发过程;结论及分析等。

七、实验评价

完成实验后,由指导教师根据学生在实验操作和撰写实验报告的情况,按照实验项目评分标准(表1-6-1)给予评价。

实验项目评分标准　　　　　　　　　　　　　　　表 1-6-1

考核项目	评分标准	分值
实验操作		60
安全操作	按照实验要求操作,没有损坏仪器设备或人员受伤	10
规范操作	遵守实验室规章,按照实验操作章程进行操作,没有违规操作	10
文明操作	文明实验,工具、仪器摆放整齐;实验结束后关闭设备,整理实验台	10
实验完成质量	能够准确实现仪表盘的数字显示;能够设计相应的工程,实现在仪表盘上显示和控制	30
撰写实验报告		40
实验报告格式	实验报告格式规范、内容完整	10
工程的设计	流程准确,条理清楚,过程讲述清晰,结果验证准确	20
结果分析	能够用所学的专业知识对实验结果进行分析	10
总分		100
奖励项		
创新	对实验方案、分析方法有可行的创新	20

第二篇 实 训

实训一　电动汽车动力系统故障诊断实训

一、实训目的

通过学生实际动手操作,掌握电动汽车动力系统故障诊断和维修的专业技能。同时,培养学生利用所学的学科知识,解决实际工程问题的能力。

二、实训内容

利用电动汽车动力系统故障诊断实验台,进行标准化的维修和检测操作。掌握电动汽车维修高压安全防护操作和电动汽车充电系统、供电系统故障,电动机无法启动、无法加速等故障诊断。

三、主要实训仪器设备

PMTA-HSEC-PS 型电动汽车动力系统实验台(图 2-1-1)是一款软硬件相结合,集教、学、训、考功能于一体的汽车教学设备。该设备可以设置单一故障和组合故障,教师可根据实际需要随机或有针对性地对纯电动汽车各系统进行故障设置。学生根据故障现象,使用解码器、万用表、示波器来检测、分析、诊断故障部位和故障原因。

图 2-1-1　电动汽车动力系统实验台

1. 实验台基本操作

(1)连接故障检测实验台,打开实验台电源总开关(位于低压蓄电池附近)。

(2)教师使用账号登录故障模拟器,设置故障后保存返回。

(3)学生使用账号登录故障模拟器,开始排故训练,故障模拟器开始计时。

(4)打开操作台点火钥匙开关至 ON 挡,等待车辆自检完成。

(5)踩住制动踏板,将点火钥匙拧至 Start,观察仪表 READY 灯,等待 READY 灯点亮。

(6)踩住制动踏板,操作换挡杆至D挡或R挡,松开制动踏板,踩踏加速踏板,查看驱动电动机运行情况。

(7)查看故障现象后,使用故障诊断仪进行诊断,查看故障码,从而推断故障点。

(8)查找原车电路图,识读故障相关电路,辅助故障的查找与判断,在故障检测实验台上测量相关电路电信号,确定故障点。

(9)选择判断的故障点,提交成绩,系统自动打分,完成排故训练。

2.故障诊断仪的使用

鉴于篇幅有限,本书只介绍故障诊断仪的诊断操作在本实验台上的基本流程,其他诊断功能请参考原厂使用说明书。

(1)进入车辆,插入起动钥匙,拧至ON挡。

(2)取出故障诊断平板电脑及测试主线,如图2-1-2所示。

图2-1-2 故障诊断平板电脑

(3)将测试主线的一端连接诊断平板,另一端OBD插头连接在车辆OBD接口上,本实验台OBD接口位于主驾驶侧仪表台下方,如图2-1-3所示。

(4)打开诊断电脑电源,进入诊断软件,如图2-1-4所示。

图2-1-3 车辆OBD接口

图2-1-4 诊断软件图标

(5)选择诊断模块,如图2-1-5所示。

(6)选择北汽新能源汽车,如图2-1-6所示。

图2-1-5 选择诊断模块

图2-1-6 选择北汽新能源

(7)手动选择车型,如图 2-1-7 所示。
(8)选择 EV 系列,如图 2-1-8 所示。

图 2-1-7 手动选择车型

图 2-1-8 选择 EV 系列

(9)选择 EV150 后,选择诊断,如图 2-1-9 所示。

图 2-1-9 选择车型、诊断

(10)选择自动扫描,如图 2-1-10 所示。
(11)等待系统扫描系统故障,根据系统扫描的故障,点击进入相关系统,进行读取故障码或清除故障码等操作,如图 2-1-11 所示。

图 2-1-10 选择扫描方式

图 2-1-11 选择诊断系统

3. 实验台故障设置与排除系统操作

本实验台配备有触控式故障模拟器,设置故障简单便捷。故障模拟器安装于实验台侧面面板上,需要设备供电正常后方能正常启动。图 2-1-12 所示为故障模拟器登录界面。

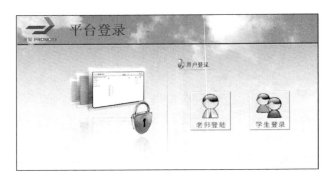

图 2-1-12 登录界面

1)教师登录功能

(1)在登录界面,点击"老师登录",然后在密码输入界面输入"123"即可进入图 2-1-13 所示的故障设置界面。

图 2-1-13 故障设置界面

点击对应故障名称前面的复选框,即可设置故障,再次点击可取消设置,最后保存返回即可退出。

(2)点击上方"设置"按钮会弹出设置对话框,如图 2-1-14 所示。

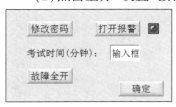

图 2-1-14 设置对话框

①修改密码:可以修改登录密码。

②打开报警:当触摸屏与控制板通信异常时会弹出报警窗口。

③考试时间:用来设置学生答题时间,计时结束会自动提交。

④故障全开:可以直接打开所有故障。

(3)点击"重置所有",可将所有打开的故障清除。

(4)点击"查看成绩"可调出学生的成绩列表,点击右上角的"清空"按键,可在学生信息存满的情况下进行清空,如图 2-1-15 所示。

点击"清空"按键后,系统会弹出对话框进行清空前的确认,点击"确认"可清空,点击"取消"则取消清空。

图 2-1-15　学生成绩列表

2）学生登录功能

在初始界面点击"学生登录",会弹出如图 2-1-16 所示学号输入对话框,按学校制定的学号进行输入即可。

如果没有输入或输入相同的学号,系统会弹出如图 2-1-17 所示的警告框,需点击"取消",然后重新输入。

图 2-1-16　学生登录界面

图 2-1-17　警示界面

输入学号并点击"确定"后,进入图 2-1-18 所示的故障排除界面。在判断的对应故障名称前面的复选框点击选择,然后点击"提交"即可。

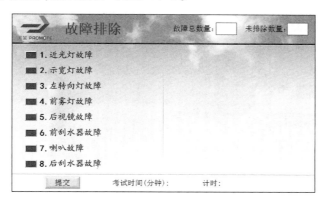

图 2-1-18　故障排除界面

右上角会提示总故障数量及未排除数量。下方会提示总考试时间,在进入答题界面后开始计时。

点击"提交"后会进入成绩显示界面，保存返回后会重置所有故障，然后重新进入登录界面，如图 2-1-19 所示。

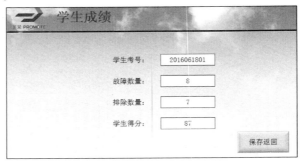

图 2-1-19　成绩显示界面

4. 故障模拟器故障现象

如果故障模拟器出现如图 2-1-20 所示的故障提示界面，说明实验台故障模拟器接线出现问题，请联系厂家进行处理。

如果出现如图 2-1-21 所示的故障提示界面，说明故障模拟器系统存储的信息已满，需要使用教师账号登录后，在"查看成绩"窗口进行信息清空。

 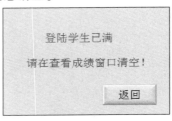

图 2-1-20　故障提示界面 1　　　　图 2-1-21　故障提示界面 2

5. 故障诊断与排除

实验台作为排故实训操作设备的使用方法为：

（1）教师登录故障模拟器，进行故障设置，设置完故障后，保存并退出。

（2）学生登录故障模拟器。

（3）学生操作实验台，寻找故障现象，必要时结合万用表和电路图，测量相关电路信号，做出故障判断。

（4）学生在故障模拟器上选择查找出来的故障并提交，系统自动打分。

（5）教师登录故障模拟器，查看成绩。

四、实训操作项目

1. 高压安全防护准备及高压系统断电

1）实训内容

掌握高压安全防护装备及工具的使用方法与要求。现场指出车辆高压区域、高压电缆颜色和高压标识，口述安全操作注意事项，正确进行高压系统的断电及释放残余电量操作。

2）所需工具

高压安全防护工具、放电计、万用表、绝缘工具。

3) 高压安全防护准备

由于人体安全电压在 36V 以下,电动汽车电压在 300V 以上(特斯拉为 400V)。所以在电动汽车高压系统的维护和修理过程中需要做高压安全防护。

个人安全防护用品的穿戴,包括防护服、安全帽、绝缘手套、绝缘鞋、护目镜,如图 2-1-22 所示。电动汽车的高压区域是指高压电路工作区域,包括蓄电池、电动机、电源转换系统等,如图 2-1-23 所示。一旦出现操作不慎导致高压触电,需要立即进行急救并报告老师、打 120 电话报医。图 2-1-24 为触电急救措施。

安全帽
作用：保护头顶

防护眼罩
作用：防液体喷溅、防有害光线、防尘等

绝缘手套
作用：使用前进行充气检验作业时将衣袖套入筒口内

绝缘鞋
作用：使人体与地面绝缘

高压安全警告牌

隔离带

绝缘地垫

图 2-1-22　高压安全防护装备

图 2-1-23　高压危险区域

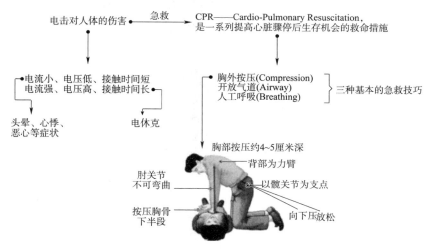

图 2-1-24　触电后的急救

4) 高压系统断电方法（图 2-1-25）

先断开低压蓄电池正负极。动力蓄电池高压电输出是由低压控制的,因此断开低压蓄电池正负极即可断开高压继电器。断开时应先拆电源负极,再拆电源正极。（避免拆下的正极不小心碰到搭铁引起电路短路）。装电源时先装正极后装负极。

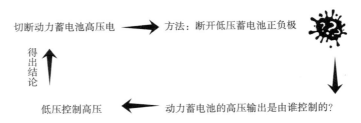

图 2-1-25　高压系统断电方法

5) 释放残余电量（图 2-1-26）

电动机控制器、直流电源转换器（DC/DC）等电路板中都并联了大电容,断电后,这些电容中还有残余的电荷。可以通过串接放电器的方法释放残余电量。

图 2-1-26　释放残余电量方法

6) 实训评分标准

完成实训后,由指导教师根据学生的操作情况,按照实训项目评分标准（表 2-1-1）给予评价。

实训项目评分标准　　　　　　　　表 2-1-1

考核项目	高压安全防护准备及高压系统断电	考核时间	30min
项目	考核内容	评分标准	分值
1	安全防护穿戴	严格按照安全防护要求进行穿戴,未按要求穿戴扣全部分值	20
2	指出高压区域、口述触电急救措施	高压区域描述要准确,能够口述安全要求和触电后急救措施	20

续上表

项目	考核内容	评分标准	分值
3	高压系统断电	方法恰当,先后次序不能乱	20
4	释放残余电量	工具选用恰当,操作规范合理	20
5	安全文明操作	拆装部件和工具都要摆放整齐,乱拆乱放扣10分,发生人身设备安全事故则该题不得分	10
6	熟练程度	不熟练或者操作不规范,酌情扣分;每超时1min扣5分	10
总分			
创新奖励项		对实训工序、工艺、操作、分析方法有可行的创新	10

注:总分+创新奖励项得分不得高于100分。

2. 绝缘检测

1)实训内容

掌握高压部件和高压线束绝缘值的检测方法,能够利用绝缘表进行绝缘检测。

2)所需工具

高压安全防护工具、万用表、绝缘工具、绝缘表、举升机。

3)参考知识

(1)绝缘。

绝缘就是使用不导电的物质将带电体隔离或包裹起来,以对触电起保护作用的一种安全措施。

(2)绝缘表的使用。

①绝缘表工作原理。

如图2-1-27所示,机内蓄电池作为电源,经DC/DC变换产生的直流高压由E极出,经被测试品到达L极,从而产生一个从E到L极的电流,经过I/V变换经除法器完成运算直接将被测的绝缘电阻值由LCD显示出来。

②测量步骤。

开启电源开关"ON/OFF",选择所需电压等级,开机默认为500V挡,选择所需电压挡位,对应指示灯亮,轻按一下高压"启停"键,高压指示灯亮,LCD显示的稳定数值乘以10即为被测的绝缘电阻值。当被测试品的绝缘电阻值超过仪表量程的上限值时,显示屏首位显示"1",后三位熄灭。关闭高压时只需再按一下高压"启停"键,关闭整机电源时按一下电源"ON/OFF"。

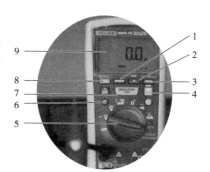

图2-1-27 绝缘表
1-最大最小按钮;2-频率按钮;3-范围选择按钮;4-保存按钮;5-功能旋转开关;6-背景灯按钮;7-测量按钮;8-数据保持按钮;9-数据显示

4)绝缘检测实操

(1)电动机高压绝缘检测(图2-1-28)。

标准绝缘阻值:500MΩ。检测位置:电动机各相接口和车身搭铁的电阻值。具体操作如下:

①打开蓄电池,与变频器连接。
②兆欧表的"-"端连接汽车的搭铁点。
③"+"端连接电动机各相的端口。
④测试测量绝缘电阻。

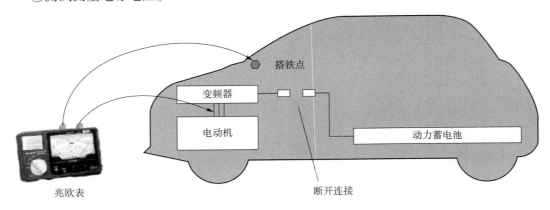

图 2-1-28 电动机高压绝缘检测

（2）由于电动汽车空调压缩机电动机也是动力蓄电池驱动的,检测空调压缩机时,向空调压缩机内充入冷冻机油和制冷剂后,空调压缩机正负极对车身（外壳）的绝缘电阻≥5MΩ；清空空调压缩机内部的冷冻机油后,空调压缩机正负极对车身外壳的绝缘电阻≥50MΩ。

5）实训评分标准

完成实训后,由指导教师根据学生的操作情况,按照实训项目评分标准（表2-1-2）给予评价。

实训项目评分标准　　　　　　　　　　表 2-1-2

考核项目	绝缘故障诊断	考核时间	25min
项目	考核内容	评分标准	分值
1	安全防护穿戴	严格按照安全防护要求进行穿戴,未按要求穿戴扣全部分值	20
2	正确使用绝缘表	绝缘表的挡位选择正确,使用规范,读数准确	20
3	绝缘检查	绝缘检查操作正确,会判断	40
4	安全文明操作	拆装部件和工具都要摆放整齐,乱拆乱放扣10分,发生人身设备安全事故则该题不得分	10
5	熟练程度	不熟练或者操作不规范,酌情扣分；每超时1min扣5分	10
总分			
创新奖励项		对实训工序、工艺、操作、分析方法有可行的创新	10

注：总分+创新奖励项得分不得高于100分。

3. DC/DC 故障检测

1）知识点

掌握 DC/DC 定义的工作原理,对 DC/DC 系统故障进行分析与排除。

2）所需工具

高压安全防护工具、万用表、绝缘工具、放电计。

3）参考知识

（1）如图 2-1-29 所示,蓄电池报警灯亮,提示蓄电池或者蓄电池充电系统存在故障,故障可能是蓄电池供电端电压不稳定或无供电电压造成的。

（2）DC/DC 电源转换器的作用是将高压直流电转化为电压稳定的直流输出。在电动汽车上,DC/DC 电源的作用是将动力蓄电池的高压直流电转换为 12～14V 的整车低压直流电,为整车用电器和铅酸蓄电池供电。DC/DC 电源转换器接线端子如图 2-1-30 所示,PC/DC 转换器。电路如图 2-1-31 所示。

图 2-1-29　蓄电池报警灯

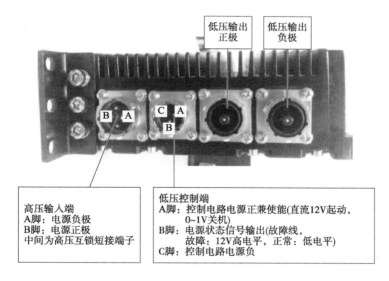

图 2-1-30　DC/DC 电源转换器接线端子

4）检测操作

（1）高压输入 DC290～420V。

（2）低压输出为 12V。

（3）整车上电前用万用电表测量蓄电池端电压,记录测量的电压值,如图 2-1-32 所示。

（4）给整车上电,再用万用电表测量蓄电池端电压,记录测量的电压值。如果测量值在 13.8～14V,则判断 DC 正常工作。

5）实训评分标准

完成实训后,由指导教师根据学生的操作情况,按照实训项目评分标准(表 2-1-3)给予评价。

实训项目评分标准 表2-1-3

考核项目	DC/DC 故障检测	考核时间	25min
项目	考核内容	评分标准	分值
1	安全防护穿戴	严格按照安全防护要求进行穿戴,未按要求穿戴扣全部分值	20
2	正确使用万用表	万用表的挡位选择正确,使用规范,读数准确	20
3	DC/DC 检查	检查操作正确,会判断	40
4	安全文明操作	拆装部件和工具都要摆放整齐,乱拆乱放扣 10 分,发生人身设备安全事故则该题不得分	10
5	熟练程度	不熟练或者操作不规范,酌情扣分;每超时 1min 扣 5 分	10
总分			
创新奖励项		对实训工序、工艺、操作、分析方法有可行的创新	10

注:总分 + 创新奖励项得分不得高于 100 分。

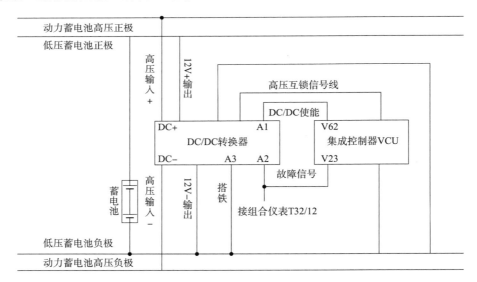

图 2-1-31 DC/DC 转换器电路

4. 慢充系统故障诊断

1) 实训内容

了解慢充系统工作原理,对慢充系统故障进行故障分析与排故。

2) 所需工具

安全防护用品、放电计、万用表、绝缘工具、诊断仪。

3) 参考知识

充电系统如图 2-1-33 所示,慢充电路如图 2-1-34 所示。

图 2-1-32 测量蓄电池电压

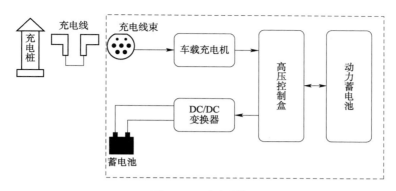

图 2-1-33 充电系统

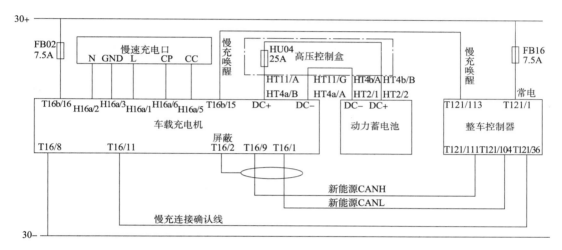

图 2-1-34 慢充电路

4）检测方法

根据故障诊断树进行故障诊断与排除（图 2-1-35、图 2-1-36）。

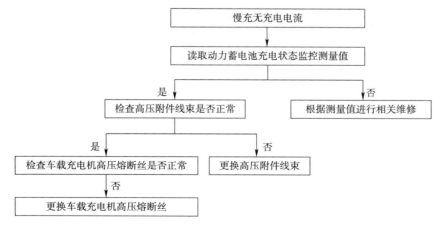

图 2-1-35 无充电电流

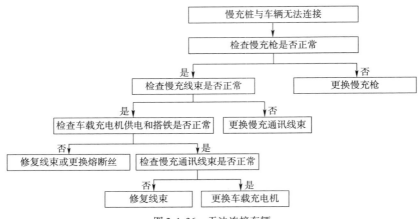

图 2-1-36 无法连接车辆

5) 实训评分标准

完成实训后,由指导教师根据学生的操作情况,按照实训项目评分标准(表 2-1-4)给予评价。

实训项目评分标准　　　　　　　　　　表 2-1-4

考核项目	慢充系统故障诊断	考核时间	40min
项目	考核内容	评分标准	分值
1	安全防护穿戴	严格按照安全防护要求进行穿戴,未按要求穿戴扣全部分值	20
2	正确使用万用表、诊断仪	万用表的挡位选择正确,使用规范,读数准确;正确使用故障诊断仪	20
3	慢充系统故障检查	诊断流程正确,会检查各个部位并进行分析、判断	40
4	安全文明操作	拆装部件和工具都要摆放整齐,乱拆乱放扣 10 分,发生人身设备安全事故则该题不得分	10
5	熟练程度	不熟练或者操作不规范,酌情扣分;每超时 1min 扣 5 分	10
总分			
创新奖励项		对实训工序、工艺、操作、分析方法有可行的创新	10

注:总分 + 创新奖励项得分不得高于 100 分。

5. 换挡控制器故障诊断与排除

1) 实训内容

电动汽车无法正常挂挡的故障诊断与排除。

2) 诊断设备

PMTA-HSEC-PS 型电动汽车动力系统实验台,故障诊断仪,万用表。

3) 诊断操作

(1) 打开实验台电源总开关(位于低压蓄电池附近)。

(2) 学生登录故障模拟器,开始排故训练,故障模拟器开始计时。

(3) 打开操作台点火钥匙开关至 ON 挡,等待车辆自检完成,踩住制动踏板,将点火钥匙拧至 Start，观察仪表 READY 灯，等待 READY 灯点亮。

(4) READY 灯正常点亮后，踩住制动踏板，操作换挡杆切换至 D 挡，观察发现仪表 N 挡指示灯符号闪烁，READY 灯熄灭，挂回 N 挡后，READY 灯又点亮，驱动电动机系统无法工作运行。

(5) 连接诊断仪至车辆 OBD 口，打开诊断仪电源，进入诊断软件，选择诊断模块，选择北汽新能源电动汽车、手动选择车型，选择 EV 系列，选择 EV150，选择诊断，选择自动扫描，等待系统扫描系统故障，根据系统扫描的故障，点击进入相关系统，读取故障码，所有步骤如图 2-1-37 ~ 图 2-1-39 所示。

图 2-1-37 进入故障诊断仪

图 2-1-38 选择车辆

图 2-1-39 进入诊断

(6)经过诊断仪诊断,发现整车控制系统无故障(新能源车型很多故障诊断仪无法诊断出来),根据以上信息可初步怀疑故障出现在换挡控制器相关部位。

(7)查询原车电路图如图 2-1-40 所示,换挡控制器具有 6 根管脚,分别接电源线、搭铁线以及与集成控制器 VCU 之间连接的 4 根信号线。

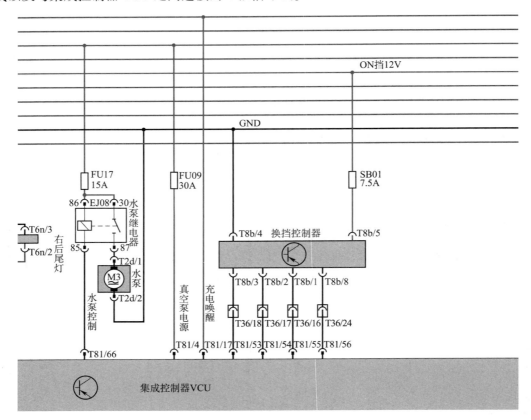

图 2-1-40 换挡控制器电路

(8)经查询,VCUT81/5 管脚为搭铁,因此使用万用表 DC20V 挡位,将黑色表笔接在 VCUT81/5,使用红表笔测量图 2-1-41 中右图所示检测面板上换挡控制器的 T8b/5 电源和 T8b/4 搭铁 2 个管脚,发现换挡控制器电源与搭铁正常。

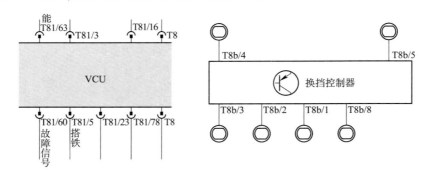

图 2-1-41 换挡控制器管脚

(9）使用万用表红表笔测量换挡控制器与 VCU 连接的 4 根线的电压信号，同时踩住制动踏板操作换挡杆，发现换挡控制器 1 号管脚和 VCUT81/55 针脚无信号变化，因此判断换挡控制器 1 号管脚断路。

（10）进入故障模拟器，点击换挡控制器 1 号线故障，提交成绩即可。注意：本例只演示了其中一种故障点的排除，实际操作中故障可能会出现在电动机、电源、控制器、继电器、开关等各个部位。有可能是断路故障、物理故障，也可能多个故障点共存。

4）数据记录

根据实训操作，记录诊断过程，完成表 2-1-5。

诊断过程记录表　　　　　　　　　　　　　　　　　　表 2-1-5

序号	步骤操作	故障现象	预判故障点

5）实训评分标准

完成实训后，由指导教师根据学生的操作情况，按照实训项目评分标准（表 2-1-6）给予评价。

实训项目评分标准　　　　　　　　　　　　　　　　　表 2-1-6

考核项目	换挡器故障诊断与排除		考核时间	40min
项目	考核内容		评分标准	分值
1	安全防护穿戴		严格按照安全防护要求进行穿戴，未按要求穿戴扣全部分值	20
2	正确使用万用表、诊断仪		万用表的挡位选择正确，使用规范，读数准确；正确使用故障诊断仪	10
3	故障分析		诊断流程正确，会检查各个部位并进行分析、判断	10
4	解码和测量		使用诊断仪诊断，在车上能够利用万用电表诊断	20
5	找出故障点，解决问题		故障点查找正确，排除故障后，电动汽车恢复正常工作	20

续上表

项目	考核内容	评分标准	分值
6	安全文明操作	拆装部件和工具都要摆放整齐,乱拆乱放扣10分,发生人身设备安全事故则该题不得分	10
7	熟练程度	不熟练或者操作不规范,酌情扣分;每超时1min扣5分	10
总分			
创新奖励项		对实训工序、工艺、操作、分析方法有可行的创新	10

注:总分+创新奖励项得分不得高于100分。

6. 无法加速故障诊断与排除

1)实训内容

了解电动汽车故障诊断操作注意事项,熟练掌握电动汽车故障诊断仪的使用方法,针对电动汽车无法加速的故障进行故障分析和诊断。

2)实训设备

PMTA-HSEC-PS型电动汽车动力系统实验台,故障诊断仪,万用表。

3)诊断操作示例

(1)打开实验台电源总开关(位于低压蓄电池附近)。

(2)学生登录故障模拟器,开始排故训练,故障模拟器开始计时。

(3)打开操作台点火钥匙开关至ON挡,等待车辆自检完成,踩住制动踏板,将点火钥匙拧至Start,观察仪表READY灯,等待READY灯点亮。

(4)READY灯正常点亮后,踩住制动踏板,操作换挡杆切换至D挡,可以发现驱动电动机系统正常急速运转,但是踩踏加速踏板进行加速时,发现驱动电动机无法提速。

图2-1-42 诊断结果

(5)连接诊断仪至车辆OBD口,打开诊断仪电源,进入诊断软件,选择诊断模块,选择北汽新能源、手动选择车型,选择EV系列,选择EV150,选择诊断,选择自动扫描,等待系统扫描系统故障,根据系统扫描的故障,点击进入相关系统,读取故障码。

(6)经过诊断仪诊断,发现VCU控制器故障如图2-1-42所示,即诊断发现加速踏板存在信号故障,因此踩加速踏板时,驱动电动机无法加速。

(7)查询原车电路图(图2-1-43)发现,加速踏板具有两组传感器,接有6根线,分别为电源线、搭铁线和4根信号线,6根线全部与集成控制器VCU相连接。

(8)在检测面板上使用万用表直流20V挡位检测加速踏板的2号、3号、1号和5号端脚,发现均正常,然后检测4号和6号信号管脚,检测过程中可以挂N挡,踩踏加速踏板,发现T6/6端脚和VCU对应的T81/15端脚电压变化范围为0.41~2.18V,但是T6/4端脚电压为0.79~4.36V,而VCU对应的T81/14端脚电压为0.05V,且踩踏加速踏板时不发生变化。

(9)由以上测量结果,可以准确判断故障为加速踏板4号端脚至VCU T81/14之间线路断路。

(10)进入故障模拟器,点击加速踏板4号线故障,提交成绩即可。注意:本例只演示了其中一种故障点的排除,实际操作中故障可能会出现在电动机、电源、控制器、继电器、开关等各个部位。有可能是断路故障、物理故障,也可能多个故障点共存。

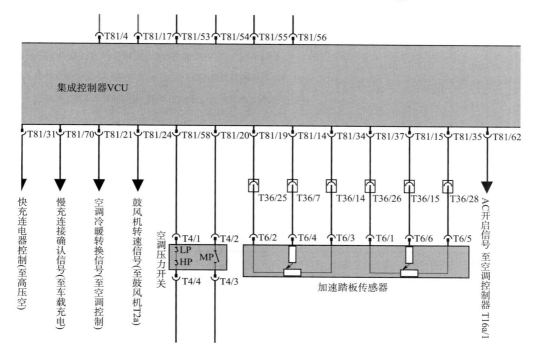

图 2-1-43 控制器管脚图

4)数据记录

根据实训操作,记录诊断过程,完成表2-1-7。

诊断过程记录表   表 2-1-7

序号	步骤操作	故障现象	预判故障点

5)实训评分标准

完成实训后,由指导教师根据学生的操作情况,按照实训项目评分标准(表2-1-8)给予评价。

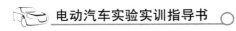

实训项目评分标准

表 2-1-8

考核项目	无法加速故障诊断与排除	考核时间	40min
项目	考核内容	评分标准	分值
1	安全防护穿戴	严格按照安全防护要求进行穿戴,未按要求穿戴扣全部分值	20
2	正确使用万用表、诊断仪	万用表的挡位选择正确,使用规范,读数准确;正确使用故障诊断仪	10
3	故障分析	诊断流程正确,会检查各个部位并进行分析、判断	10
4	解码和测量	使用诊断仪诊断,在车上能够利用万用电表诊断	20
5	找出故障点,解决问题	故障点查找正确,排除故障后,电动汽车恢复正常工作	20
6	安全文明操作	拆装部件和工具都要摆放整齐,乱拆乱放扣 10 分,发生人身设备安全事故则该题不得分	10
7	熟练程度	不熟练或者操作不规范,酌情扣分;每超时 1min 扣 5 分	10
总分			
创新奖励项		对实训工序、工艺、操作、分析方法有可行的创新	10

注:总分 + 创新奖励项得分不得高于 100 分。

实训二　空调系统故障诊断实训

一、实训目的

通过学生实际动手操作,掌握电动汽车空调系统故障诊断和维修的专业技能。同时,培养学生利用所学的学科知识,解决实际工程问题的能力。

二、实训内容

利用纯电动汽车空调系统实验台,读懂电路原理图,通过标准化的维修和检测操作,进行汽车空调的故障诊断实训。

三、主要实训仪器设备

PMTA-ELC-AIR型纯电动汽车空调系统实验台(图2-2-1)是在北汽新能源电动汽车基础上开发的实验台,能够进行故障诊断与排除。

实验台的基本操作如下。

(1)连接实验台高压电源及通信航空插头到PMTA-HSEC-PS型电动汽车动力系统实验台的对应插座上,并保证连接良好。

(2)打开电动汽车动力系统实验台电源,保证动力蓄电池电力可以对外输出。

(3)在保证空调系统实验台急停开关没有被按下的情况下,打开点火开关,可以看到空调系统实验台通电,电源指示灯和温度表点亮。

(4)操作空调面板进行制热功能试验,如图2-2-2所示,按框内8、9键可调节设置温度;按下1、2键可调节鼓风机风速;按下3键开启空调系统外循环;按下4键开启空调系统内循环;按下5键可切换暖风吹向模式;按下6键启动前风窗玻璃加热模式,再次按下退出并回到原模式;按下7键启动后风窗玻璃加热模式,再次按下退出;按下10键可关闭空调系统功能。

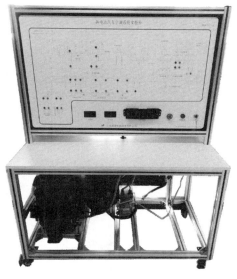

图2-2-1　纯电动汽车空调系统实验台

操作空调制热后,观察面板上进出口温度,也可以用手感知出风口温度,如果出口温度不变化,有可能是出风模式不正确,导致出口温度传感器处无热风,可以切换出风模式查看。在制热过程中也可以使用万用表测量面板上PTC温度传感器信号,如图2-2-3所示。

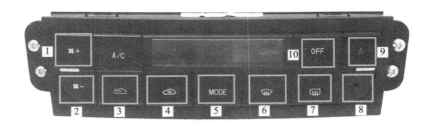

图 2-2-2 空调控制面板

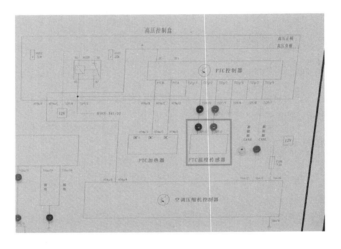

图 2-2-3 空调控制面板电路

（5）操作空调面板进行制冷功能试验。操作"A/C"按键，可打开空调系统压缩机进行制冷（只在环境温度较高情况下可用），同时需要操作图 2-2-2 中的 8 键，将设置温度调低。然后观察进出口温度，也可以使用万用表在图 2-2-4 所示位置测量蒸发器温度传感器信号。

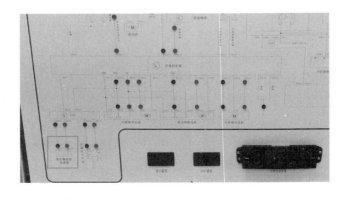

图 2-2-4 蒸发器温度传感器信号

（6）检测面板上面的电路和实际电路相连接，操作空调系统各按键时，可使用万用表在检测面板上测量各部件的电压信号。如图 2-2-5 所示，GND 为搭铁点。测量时，将万用表黑表笔连接 GND，即刻将万用表红表笔接入其他端口，测量各点的电压信号。

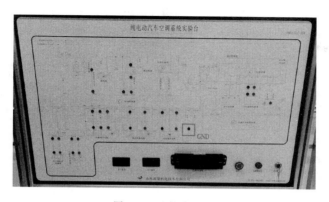

图 2-2-5　测量搭铁点

四、实训操作项目

1. 空调不制冷故障诊断

1）实训内容

熟练掌握电动汽车空调故障诊断的方法,针对电动汽车空调不制冷故障现象进行故障分析和诊断。

2）实训设备

PMTA-HSEC-PS 型电动汽车动力系统实验台,PMTA-ELC-AIR 型纯电动汽车空调系统实验台,故障诊断仪,万用表。

3）诊断操作示例

（1）连接实验台高压电源及通信航空插头到 PMTA-HSEC-PS 型电动汽车动力系统实验台对应插座上,且保证连接良好。

（2）学生登录故障模拟器,开始排故训练,故障模拟器开始计时。

（3）打开电动汽车动力系统实验台电源,保证动力蓄电池电力可以对外输出。

（4）在保证空调系统实验台急停开关没有被按下的情况下,打开点火开关,可以看到空调系统实验台通电,电源指示灯和温度表点亮。

（5）操作空调面板进行制冷功能试验,调节鼓风机风速按键,鼓风机能够正常工作。按下 A/C 开关,空调出风温度没有变化,没有听到压缩机工作的声音。

（6）按下其他按键,空调系统的其他功能正常。

（7）确认故障为空调压缩机不制冷。

（8）对照台架电路原理图,进行分析。空调不制冷可能的故障部位如下:压缩机电机、温度传感器、压力传感器、A/C 开关、压缩机继电器。

（9）针对可能故障的电路部位进行测量,比如:使用空调压力表测量空调制冷剂压力 0.6MPa（正常）;使用万用表检查压力传感器,压力传感器电源电压 4.5V、信号端脚电压 2.8V。说明制冷剂压力传感器工作信号正常,不是故障点。

（10）使用万用表检查 A/C 开关电源端 12V,搭铁端 0V;按下按键时电源端和搭铁端都是 0V。说明 A/C 开关功能正常,不是故障点。

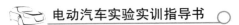

（11）使用万用表检查蒸发器温度传感器电源端 4.5V、信号端脚电压 4.5V。说明温度传感器连接控制器管脚的线路断路。

（12）进入故障模拟器，点击故障，提交成绩即可。

（13）提交完后，启动空调系统，按下 A/C 开关，查看空调是否能够制冷。如果故障仍然存在，需要在台架上对部件进行测量，找出实际故障并排除。

（14）关闭台架电源，整理工具。注意：本例只演示了其中一种故障点的排除，实际操作中故障可能会出现在压缩机电机、继电器、开关、传感器等各个部位，有可能是断路故障、物理故障，也可能多个故障点共存。

4）数据记录

根据实训操作，记录诊断过程，完成表 2-2-1。

诊断过程记录表　　　　　　　　　　　　　表 2-2-1

序号	步骤操作	故障现象	预判故障点

5）实训评分标准

完成实训后，由指导教师根据学生的操作情况，按照实训项目评分标准（表 2-2-2）给予评价。

实训项目评分标准　　　　　　　　　　　　表 2-2-2

考核项目	空调不制冷故障诊断	考核时间	40min
项目	考核内容	评分标准	分值
1	安全防护穿戴	严格按照安全防护要求进行穿戴，未按要求穿戴扣全部分值	20
2	正确使用万用表、诊断仪	万用表的挡位选择正确，使用规范，读数准确；正确使用故障诊断仪	10
3	故障分析	诊断流程正确，会检查各个部位并进行分析、判断	10
4	解码和测量	使用诊断仪诊断，在车上能够利用万用电表诊断	20

续上表

项目	考核内容	评分标准	分值
5	找出故障点,解决问题	故障点查找正确,排除故障后,电动汽车恢复正常工作	20
6	安全文明操作	拆装部件和工具都要摆放整齐,乱拆乱放扣10分;发生人身设备安全事故则该题不得分	10
7	熟练程度	不熟练或者操作不规范,酌情扣分;每超时1min扣5分	10
总分			
创新奖励项		对实训工序、工艺、操作、分析方法有可行的创新	10

注:总分+创新奖励项得分不得高于100分。

2. 空调模式调节故障诊断

1)实训内容

熟练掌握电动汽车空调故障诊断的方法,针对电动汽车空调模式调节故障现象进行故障诊断与排除。

2)实训设备

PMTA-HSEC-PS型电动汽车动力系统实验台,PMTA-ELC-AIR型纯电动汽车空调系统实验台,故障诊断仪,万用表。

3)诊断操作示例

(1)连接实验台高压电源及通信航空插头到PMTA-HSEC-PS型电动汽车动力系统实验台对应插座上,且保证连接良好。

(2)学生登录故障模拟器,开始排故训练,故障模拟器开始计时。

(3)打开电动汽车动力系统实验台电源,保证动力蓄电池电力可以对外输出。

(4)在保证空调系统实验台急停开关没有被按下的情况下,打开点火开关,可以看到空调系统实验台通电,电源指示灯和温度表点亮。

(5)操作空调面板进行制冷功能试验,调节鼓风机风速按键,鼓风机能够正常工作。按下A/C开关,听到压缩机工作的声音,能制冷。按下模式调节开关,控制面板模式灯亮,出风口风量没有变化。

(6)按下其他按键,空调系统的其他功能正常。

(7)确认故障为空调通风模式调节故障。

(8)对照台架电路原理图,进行分析。空调通风模式调节故障可能的故障部位如下:控制线路、模式转换电动机(图2-2-6)、操作面板、电动机与调节阀门的驱动机构。

(9)故障分析:按下模式调节开关,控制面板模式灯亮,并且能够切换说明控制面板按键是良好的。

(10)切换出风模式,观察到模式转换电动机不工作,初步判断故障部位为电动机或控制器与电动机的连接线路。

(11)使用万用表检查,发现控制器与电动机的连接线路断路。

(12)进入故障模拟器,点击故障,提交成绩。

(13)提交完后,启动空调系统,按下模式按键,查看功能是否恢复。如果故障仍然存在,需要观察台架上部件的工作情况,如果电动机工作,阀门不动,就检测模式转换拉索;如果电动机不动,则测量电动机管脚信号是否正常,查看电动机是否有故障。

(14)确定功能恢复后,关闭台架电源、整理工具。注意:本例只演示了其中一种故障点的排除,实际操作中故障可能会出现在压缩机电动机、控制器、操作面板、线路、拉索和调整机构等各个部位,有可能是断路故障、物理故障,也可能多个故障点共存。

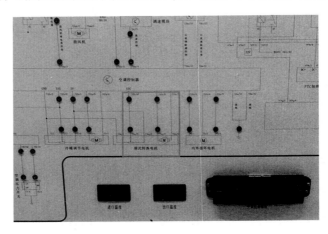

图 2-2-6　模式转换电机

4)数据记录

根据实训操作,记录诊断过程,完成表 2-2-3。

诊断过程记录表　　　　　　　　　　　　　　　表 2-2-3

序号	步骤操作	故障现象	预判故障点

5)实训评分标准

完成实训后,由指导教师根据学生的操作情况,按照实训项目评分标准(表 2-2-4)给予评价。

实训项目评分标准　　　　　　　　　　　　　　表 2-2-4

考核项目	空调模式调节故障诊断		考核时间	40min
项目	考核内容		评分标准	分值
1	安全防护穿戴		严格按照安全防护要求进行穿戴,未按要求穿戴扣全部分值	20
2	正确使用万用表、诊断仪		万用表的挡位选择正确,使用规范,读数准确;正确使用故障诊断仪	10
3	故障分析		诊断流程正确,会检查各个部位并进行分析、判断	10

续上表

项目	考核内容	评分标准	分值
4	解码和测量	使用诊断仪诊断,在车上能够利用万用电表诊断	20
5	找出故障点,解决问题	故障点查找正确,排除故障后,电动汽车恢复正常工作	20
6	安全文明操作	拆装部件和工具都要摆放整齐,乱拆乱放扣10分,发生人身设备安全事故则该题不得分	10
7	熟练程度	不熟练或者操作不规范,酌情扣分;每超时1min扣5分	10
总分			
创新奖励项		对实训工序、工艺、操作、分析方法有可行的创新	10

注:总分+创新奖励项得分不得高于100分。

实训三　整车电器系统故障诊断实训

一、实训目的

通过学生实际动手操作,掌握整车电器系统故障诊断和维修的专业技能。同时,培养学生利用所学的学科知识,解决实际工程问题的能力。

二、实训内容

利用电动汽车整车实验台,通过标准化的维修和检测操作,对汽车动力系统(与实训一操作相同)、汽车灯光系统、刮水器、防盗、空调系统(与实训二操作相同)等进行故障诊断实训。汽车动力系统故障诊断实训和汽车空调系统故障诊断实训在前面已经做了介绍,整车实验台上也可以做同样的实训操作,这里就不再介绍。

三、主要实训仪器设备

PMTA-HSEC-CAR 型电动汽车整车实验台(图 2-3-1)是在北汽新能源汽车的基础上开发的一套集结构认知、原理学习和故障检测于一体的教学实验台。整车实验台具有完整的动力系统、底盘、电气设备及车身附件,车身采用剖切方式并喷涂不同颜色,能够直观展示动力系统结构和工作原理。实验台配备有故障诊断仪,可针对汽车动力系统、汽车灯光系统、刮水器、防盗、空调系统等进行故障诊断。

图 2-3-1　电动汽车整车实验台

图 2-3-1 左侧为电动汽车整车检测台架动力系统部分,包括电动机控制器、高压分线盒、整车控制器和组合仪表等。鉴于高压的危险性,实验台检测端子并未设计有高压线束的检测端子。控制器的高压端子全部以橙色端点代替,并且均未安装检测端子。

图 2-3-1 中间部分为解剖后的电动整车,电动汽车虽经解剖和改装,但是车辆各系统可以正常运行,可在举升机上将车辆举离地面,然后进行运行测试。故障模拟设置器安装在车辆中控台中央,可以对电动汽车整车实验台进行故障设置。

图 2-3-1 右侧部分为电动汽车整车检测台架的灯光和车身电气系统部分,可使用万用表进行相应的检测操作。

实验台的基本操作如下。

(1)连接实验台检测台架:在电动整车右侧(即解剖侧),将检测台架动力系统部分航空插头按照上面贴的标签号进行连接,然后再将灯光与车身系统部分检测台架在电动整车左侧对应连接航空插头,并保证所有航空插头插接到位。

(2)进入车辆,插入启动钥匙,拧至 ON 挡,踩住制动踏板,将启动钥匙拧至"Start",然后松开启动钥匙,看到仪表"READY"灯点亮后,即可正常使用实验台。

(3)根据需要或教学安排,在故障模拟设置器上设置故障。

(4)将万用表调节至直流电压 20V 挡位,黑色表笔根据查询电路图连接在搭铁端,红色表笔根据需要测量相应端子的电压信号。故障诊断仪连接到转向盘下方 OBD 接口。(诊断仪使用见实训一)

(5)操作车辆各项功能(对于车辆运行项目,则需要将车辆使用举升机举离地面方可使用),查看车辆故障现象,如果无法观察出车辆故障,则需要借助万用表在检测台架面板上进行相应电信号检测,从而辅助故障的确定。

(6)在故障的查找过程中,可以借助实验台配备的故障诊断仪进行故障的查找与定位。

(7)确定故障点后,学生登录故障模拟器,排除故障并提交考核。

(8)确定功能恢复后,关闭台架电源、整理工具。

四、实训操作项目

1. 近光灯故障诊断与排除

1)实训内容

以近光灯故障诊断为例,熟练掌握电动汽车灯光系统的故障诊断与排除。

2)实训设备

PMTA-HSEC-CAR 型电动汽车整车实验台,故障诊断仪,万用表。

3)诊断操作示例

(1)实验前准备,使用举升机或其他举升工具将车辆前轮稳固举离地面。

(2)学生登录故障模拟器,开始排故训练,故障模拟器开始计时。

(3)打开操作台点火钥匙开关至 ON 挡,等待车辆自检完成,踩住制动踏板,将点火钥匙拧至"Start",观察仪表"READY"灯,等待"READY"灯点亮。

(4)"READY"灯正常点亮后,踩住制动踏板,操作换挡杆切换至 D 挡,松开踏板,驱动电动机系统正常工作。踩踏加速踏板,查看电动机系统运行是否存在异常。

(5)经操作发现电动整车驱动系统无故障后,对车身电气系统进行操作,查找故障现象。操作玻璃升降开关,查看是否存在故障。

(6)操作刮水器操作开关,查看前后刮水器各挡位是否正常运行,查看前后喷水电动机是否正常喷水。

(7)操作灯光组合开关,查看各挡位前后各灯光是否正常点亮,操作喇叭开关,查看汽车喇叭是否正常。

(8)经过上述操作后,发现电动汽车近光灯不亮,初步确定故障在近光灯相关电路,查询原车电路图如图 2-3-2、图 2-3-3 所示。由电路图分析可知,BCM 控制器通过接收灯光组合开关近光开关信号,控制近光继电器的通断,进而控制近光灯点亮。

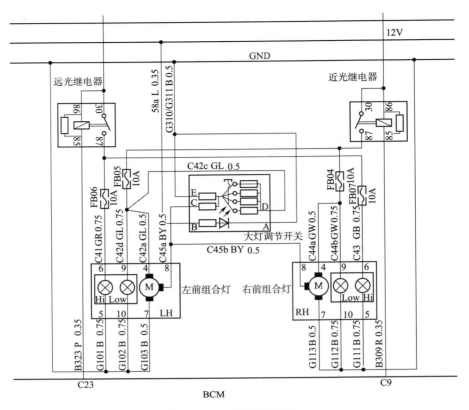

图 2-3-2 电动汽车灯光电路

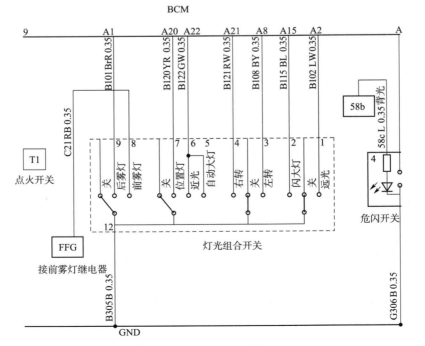

图 2-3-3 灯光组合开关电路

（9）使用万用表 DC20V 挡位先测量灯光组合开关 6 号管脚（图 2-3-4）和 BCM 控制器 A22 管脚（图 2-3-5），经测量发现，在切换灯光组合开关近光灯开关时，检测面板上测量电压一直是 6.78V 左右，说明灯光组合开关至 BCM 之间的近光开关线路断路。

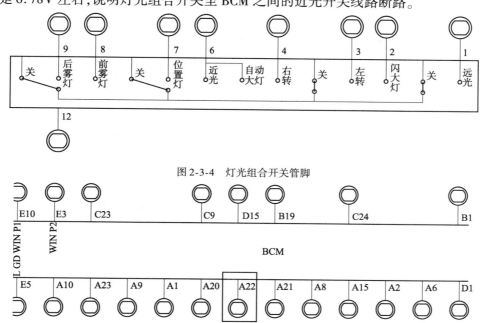

图 2-3-4　灯光组合开关管脚

图 2-3-5　BCM 管脚

（10）进入故障模拟器，点击近光灯不亮故障，提交成绩。

（11）确定功能恢复后，关闭台架电源、整理工具。注意：本例只演示了其中一种故障点的排除，实际操作中故障可能会出现在灯光系统、喇叭、刮水器等各个系统。故障部位也有可能是熔断器、开关、继电器、线束接头等。有可能是断路故障、物理故障，也可能多个故障点共存。

4）数据记录

根据实训操作，记录诊断过程，完成表 2-3-1。

诊断过程记录表　　　　　　　　　　　　　　表 2-3-1

序号	步骤操作	故障现象	预判故障点

5）实训评分标准

完成实训后，由指导教师根据学生的操作情况，按照实训项目评分标准（表 2-3-2）给予评价。

实训项目评分标准　　　　　　　表 2-3-2

考核项目	汽车近光灯不亮故障诊断与排除	考核时间	30min
项目	考核内容	评分标准	分值
1	作业前防护	诊断前要做好车内和车身防护三件套,防止刮伤、弄脏	10
2	正确使用万用表、诊断仪	万用表的挡位选择正确,使用规范,读数准确;正确使用故障诊断仪	10
3	故障查找正确	打开汽车的各个功能开关,查找出汽车的故障现象	10
4	电路图看图和故障分析	诊断流程正确,会检查各个部位并进行分析、判断	20
5	找出故障点,解决问题	故障点查找正确,操作规范。排除故障后,电动汽车恢复正常工作	20
6	功能验证	每次排故操作后都要有功能验证,没有功能验证,不管是否解决问题该项不得分	10
7	安全文明操作	拆装部件和工具都要摆放整齐,乱拆乱放扣 10 分,发生人身设备安全事故该题不得分	10
8	熟练程度	不熟练或者操作不规范,酌情扣分;每超时 1min 扣 5 分	10
	总分		
	创新奖励项	对实训工序、工艺、操作、分析方法有可行的创新	10

注:总分 + 创新奖励项得分不得高于 100 分。

2. 刮水器故障诊断与排除

1)实训内容

掌握汽车刮水器的工作原理和诊断方法,学习在实车上进行汽车刮水器的故障诊断与排除。

2)实训设备

PMTA-HSEC-CAR 型电动汽车整车实验台,故障诊断仪,万用表。

3)诊断操作示例

(1)实验前准备,使用举升机或使用其他举升工具将车辆前轮稳固举离地面。

(2)学生登录故障模拟器,开始排故训练,故障模拟器开始计时。

(3)打开操作台点火钥匙开关至 ON 挡,等待车辆自检完成,踩住制动踏板,将点火钥匙拧至"Start",观察仪表"READY"灯,等待"READY"灯点亮。

(4)"READY"灯正常点亮后,踩住制动踏板,操作换挡杆切换至 D 挡,松开制动踏板,驱动电动机系统正常工作。踩踏加速踏板,查看电动机系统运行是否存在异常。

(5)经操作发现电动整车驱动系统无故障后,对车身电气系统进行操作,查找故障现象。操作玻璃升降开关,查看是否存在故障。

(6)操作刮水器操作开关,查看前后刮水器各挡位是否正常运行,查看前后喷水电动机是否正常喷水,经操作发现后刮水器功能正常,前刮水器只有喷水操作正常,且喷水电动机运行后,刮水器电动机可单次运行,其他功能无反应。

(7)查询原车电路图如图 2-3-6 所示。由电路图分析可知,BCM 控制器通过接收刮水器洗涤开关信号,控制刮水器高低速继电器的接通,进而控制刮水器电动机的运行。结合上述操作现象分析,故障应该出在刮水器洗涤开关与 BCM 控制器之间的线路,原因在于前刮水器在喷水操作后可以正常运行。

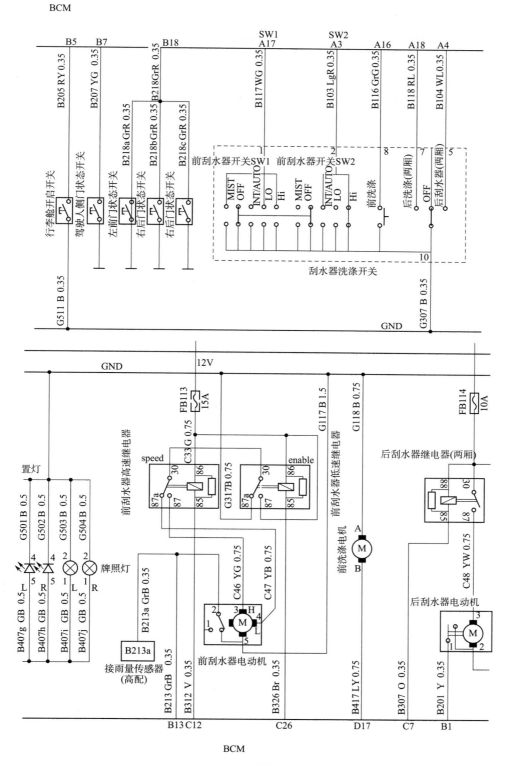

图 2-3-6 刮水器控制电路图

(8)使用万用表 DC20V 挡位先测量如图 2-3-7 所示的刮水器洗涤开关 1 号管脚、2 号管脚和 BCM 控制器 A17、A3 管脚,经测量发现,在切换刮水器洗涤开关时,检测面板上刮水器洗涤开关 1 号管脚和 BCM 控制器 A17 管脚有电压变化,而刮水器洗涤开关 2 号管脚和 BCM 控制器 A3 管脚没有电压变化,一直显示 0V,因此可断定刮水器洗涤开关 2 号管脚的线路短路。

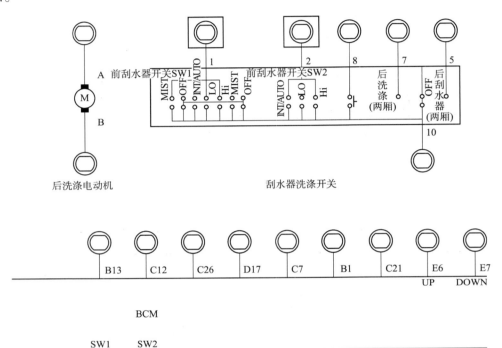

图 2-3-7 BCM 管脚(刮水器)

(9)进入故障模拟器,点击前刮水器故障,提交成绩。

(10)确定功能恢复后,关闭台架电源、整理工具。注意:本例只演示了其中一种故障点的排除,实际操作中故障可能会出现在灯光系统、喇叭、刮水器等各个系统。故障部位也有可能是保险、开关、继电器、线束接头、刮水器电动机、洗涤器水泵等。有可能是断路故障、物理故障,也可能多个故障点共存。

4)数据记录

根据实训操作,记录诊断过程,完成表 2-3-3。

诊断过程记录表　　　　　　　　　　　　　　　　　　　表 2-3-3

序号	步骤操作	故障现象	预判故障点

续上表

序号	步骤操作	故障现象	预判故障点

5) 实训评分标准

完成实训后,由指导教师根据学生的操作情况,按照实训项目评分标准(表2-3-4)给予评价。

实训项目评分标准　　　　表2-3-4

考核项目	汽车近光灯不亮故障诊断与排除	考核时间	30min
项目	考核内容	评分标准	分值
1	作业前防护	诊断前要做好车内和车身防护三件套,防止刮伤、弄脏	10
2	正确使用万用表、诊断仪	万用表的挡位选择正确,使用规范,读数准确;正确使用故障诊断仪	10
3	故障查找正确	打开汽车的各个功能开关,查找出汽车的故障现象	10
4	电路图看图和故障分析	诊断流程正确,会检查各个部位并进行分析、判断	20
5	找出故障点,解决问题	故障点查找正确,操作规范。排除故障后,电动汽车恢复正常工作	20
6	功能验证	每次排故操作后都要有功能验证,没有功能验证,不管是否解决问题该项不得分	10
7	安全文明操作	拆装部件和工具都要摆放整齐,乱拆乱放扣10分,发生人身设备安全事故则该题不得分	10
8	熟练程度	不熟练或者操作不规范,酌情扣分;每超时1min扣5分	10
总分			
创新奖励项	对实训工序、工艺、操作、分析方法有可行的创新	10

注:总分+创新奖励得分不得高于100分。

附 录

附录一　实验报告范表

×××大学××××学院

实 验 报 告

课程名称　_____

学　　号　_____

姓　　名　_____

专业班级　_____

指导老师　_____

成绩评定　_____

电动汽车实验实训指导书

年　月　日

实验项目名称			
实验分组人员			
实验日期		实验地点	
实验开始时间		实验结束时间	
实验台号		设备是否完好	

实验目的	
实验方法和步骤	

续上表

实验结果 （图表）	
实验结果 分析及心得 体会	

附录二　实验课程评分标准

实验课程评分标准

姓名		学号	
考核项目	评分标准	分值	得分
实验操作		50	
安全操作	按照实验要求操作,没有损坏仪器设备或人员受伤	10	
规范操作	遵守实验室规章,按照实验操作章程进行操作,没有违规操作	10	
文明操作	文明实验,工具、仪器摆放整齐;实验结束后关闭设备,整理试验台	10	
实验完成质量	实验设计科学,熟练完成实验,数据记录准确	20	
撰写实验报告		50	
实验报告格式	实验报告格式规范、内容完整	10	
实验数据真实有效	数据要真实、可靠;能够反映实验目的、达到分析的有效性	10	
数据处理得当	数据的图表设计合理,便于直观了解实验结果;数据处理得当	10	
结果分析	误差分析合理;能够用所学的专业知识对实验结果进行分析	20	
创新奖励分	对实验方案、分析方法有可行的创新	20	
课程总得分	(不超过100分)		

附录三 热敏电阻阻温特性表

R25 = 10kΩ　　精度:1%　　B25/50 = 3380　　B25/85 = 3435　　精度:1%(P301-1F)

温度(℃)	电阻(kΩ)			电阻精度(%)		温度精度(℃)	
	最小值	中心值	最大值	ΔR	$-\Delta R$	ΔT	$-\Delta T$
-40	189.863	197.590	205.609	4.058	-3.910	0.691	-0.666
-39	177.767	184.878	192.254	3.989	-3.846	0.687	-0.662
-38	166.994	173.564	180.375	3.924	-3.785	0.683	-0.659
-37	157.299	163.389	169.698	3.861	-3.727	0.678	-0.655
-36	148.495	154.154	160.014	3.800	-3.671	0.674	-0.651
-35	140.433	145.703	151.156	3.742	-3.616	0.669	-0.647
-34	132.999	137.914	142.997	3.685	-3.564	0.664	-0.642
-33	126.101	130.691	135.435	3.629	-3.512	0.659	-0.638
-32	119.669	123.959	128.390	3.574	-3.461	0.654	-0.633
-31	113.645	117.657	121.800	3.520	-3.410	0.649	-0.629
-30	107.983	111.738	115.613	3.467	-3.360	0.644	-0.624
-29	102.648	106.163	109.788	3.414	-3.311	0.639	-0.619
-28	97.609	100.900	104.293	3.361	-3.262	0.633	-0.615
-27	92.842	95.924	99.099	3.309	-3.213	0.628	-0.610
-26	88.327	91.213	94.185	3.257	-3.164	0.622	-0.605
-25	84.046	86.750	89.531	3.205	-3.115	0.617	-0.600
-24	79.986	82.517	85.120	3.154	-3.067	0.611	-0.595
-23	76.133	78.503	80.939	3.102	-3.019	0.606	-0.590
-22	72.477	74.696	76.975	3.051	-2.970	0.600	-0.584
-21	69.006	71.083	73.216	3.000	-2.922	0.595	-0.579
-20	65.712	67.657	69.652	2.949	-2.874	0.589	-0.574
-19	62.586	64.406	66.273	2.898	-2.826	0.583	-0.569
-18	59.619	61.324	63.070	2.848	-2.779	0.577	-0.563
-17	56.805	58.401	60.035	2.798	-2.731	0.572	-0.558
-16	54.136	55.629	57.158	2.748	-2.684	0.566	-0.553
-15	51.605	53.003	54.433	2.698	-2.637	0.560	-0.547

续上表

温度(℃)	电阻(kΩ)			电阻精度(%)		温度精度(℃)	
	最小值	中心值	最大值	ΔR	$-\Delta R$	ΔT	$-\Delta T$
−14	49.204	50.513	51.851	2.649	−2.590	0.554	−0.542
−13	46.929	48.154	49.406	2.600	−2.543	0.548	−0.536
−12	44.771	45.918	47.090	2.551	−2.497	0.542	−0.531
−11	42.726	43.800	44.897	2.502	−2.451	0.536	−0.525
−10	40.788	41.794	42.819	2.454	−2.405	0.530	−0.519
−9	38.951	39.892	40.852	2.407	−2.360	0.524	−0.513
−8	37.209	38.091	38.989	2.359	−2.315	0.517	−0.508
−7	35.557	36.383	37.225	2.312	−2.270	0.511	−0.502
−6	33.991	34.765	35.553	2.266	−2.225	0.505	−0.496
−5	32.506	33.231	33.969	2.220	−2.181	0.498	−0.490
−4	31.097	31.777	32.468	2.174	−2.138	0.492	−0.484
−3	29.761	30.398	31.045	2.129	−2.094	0.485	−0.477
−2	28.492	29.089	29.695	2.084	−2.051	0.479	−0.471
−1	27.288	27.847	28.415	2.039	−2.008	0.472	−0.465
0	26.308	26.838	27.375	2.002	−1.972	0.464	−0.457
1	25.058	25.549	26.048	1.951	−1.924	0.459	−0.452
2	24.025	24.486	24.953	1.908	−1.882	0.452	−0.446
3	23.043	23.475	23.913	1.865	−1.841	0.445	−0.439
4	22.109	22.514	22.925	1.823	−1.800	0.438	−0.433
5	21.220	21.600	21.985	1.780	−1.759	0.431	−0.426
6	20.374	20.730	21.091	1.739	−1.719	0.424	−0.419
7	19.568	19.902	20.240	1.697	−1.679	0.417	−0.412
8	18.800	19.113	19.429	1.656	−1.639	0.409	−0.405
9	18.067	18.361	18.658	1.615	−1.599	0.402	−0.398
10	17.471	17.750	18.030	1.581	−1.566	0.392	−0.388
11	16.702	16.960	17.220	1.534	−1.521	0.387	−0.384
12	16.065	16.307	16.551	1.495	−1.482	0.380	−0.377
13	15.457	15.683	15.912	1.455	−1.444	0.372	−0.369
14	14.875	15.088	15.301	1.416	−1.406	0.364	−0.362
15	14.320	14.518	14.718	1.377	−1.368	0.356	−0.354
16	13.788	13.974	14.161	1.338	−1.330	0.349	−0.347
17	13.279	13.453	13.628	1.300	−1.293	0.341	−0.339

续上表

温度(℃)	电阻(kΩ)			电阻精度(%)		温度精度(℃)	
	最小值	中心值	最大值	ΔR	$-\Delta R$	ΔT	$-\Delta T$
18	12.792	12.954	13.118	1.261	−1.255	0.333	−0.331
19	12.325	12.477	12.630	1.223	−1.218	0.325	−0.323
20	11.877	12.019	12.162	1.185	−1.181	0.316	−0.315
21	11.448	11.581	11.714	1.148	−1.145	0.308	−0.307
22	11.037	11.161	11.285	1.111	−1.108	0.300	−0.299
23	10.642	10.758	10.873	1.073	−1.072	0.291	−0.291
24	10.263	10.371	10.478	1.036	−1.036	0.283	−0.283
25	9.900	10.000	10.100	1.000	−1.000	0.275	−0.275
26	9.543	9.643	9.743	1.036	−1.035	0.286	−0.286
27	9.201	9.301	9.400	1.073	−1.071	0.298	−0.297
28	8.872	8.972	9.071	1.109	−1.107	0.309	−0.309
29	8.557	8.655	8.755	1.145	−1.142	0.321	−0.320
30	8.253	8.351	8.450	1.182	−1.178	0.333	−0.332
31	7.961	8.059	8.157	1.218	−1.213	0.345	−0.344
32	7.681	7.778	7.876	1.254	−1.248	0.357	−0.356
33	7.411	7.508	7.604	1.289	−1.283	0.369	−0.367
34	7.152	7.247	7.343	1.325	−1.318	0.381	−0.379
35	6.902	6.997	7.092	1.361	−1.352	0.394	−0.391
36	6.662	6.756	6.850	1.396	−1.387	0.406	−0.403
37	6.431	6.523	6.617	1.432	−1.421	0.418	−0.415
38	6.208	6.300	6.392	1.467	−1.456	0.431	−0.427

参 考 文 献

[1] 谭晓军. 电动汽车动力蓄电池管理系统设计[M]. 广州:中山大学出版社,2011.
[2] 王震坡,孙逢春. 电动汽车辆动力蓄电池系统及应用技术[M]. 北京:机械工业出版社,2012.
[3] 孙祥创,赵万忠,王春燕. 基于 BP-EKF 算法的锂电池 SOC 联合估计[J]. 汽车工程,2017,39(6):648-652.
[4] 吴文琳. 电动汽车结构原理与使用维修[M]. 北京:化学工业出版社,2017.
[5] 宁德发. 电动汽车结构、原理、检测、维修[M]. 北京:化学工业出版社,2017.
[6] 杨光明,陈忠明. 电动汽车动力蓄电池及管理系统原理与检修[M]. 北京:化学工业出版社,2019.
[7] 李伟,刘强,王军. 电动汽车构造原理与故障检修[M]. 北京:化学工业出版社,2018.
[8] 桑胜举,王太累. 单片机原理与接口技术[M]. 北京:电子工业出版社,2018.
[9] 李朝青,卢晋,王志勇,等. 单片机原理及接口技术[M]. 5 版. 北京:北京航空航天大学出版社,2017.
[10] 姜志海,黄玉清,刘连鑫. 单片机原理及应用[M]. 4 版. 北京:电子工业出版社,2017.
[11] 陈虎. 汽车空调系统构造原理与拆装维修[M]. 化学工业出版社,2019.
[12] 李晓娜,刘春晖,张文志. 汽车空调系统原理与检修[M]. 3 版. 北京:机械工业出版社,2019.
[13] 罗峰,孙泽昌. 汽车 CAN 总线系统原理、设计与应用[M]. 北京:电子工业出版社,2010.
[14] 李东江,张大成. 汽车车载网络系统(CAN-BUS)原理与维修[M]. 北京:机械工业出版社,2005.